KAUKASUS

KAUKASUS

Eine Reise an den wilden Rand Europas

TEXTE
Stephan Orth

FOTOS
Gulliver Theis

NATIONAL GEOGRAPHIC

kriegerisch

Jahrhundertealte Wachtürme zeugen von den Konflikten
der Vergangenheit. Streitigkeiten zwischen Nachbarregionen sind
im Kaukasus eher die Regel als die Ausnahme.

DSCHEIRACH, INGUSCHETIEN, RUSSLAND

Russland

SOTSCHI

NALTSCHIK

ELBRUS

GROSNY

GAGRA   Abchasien   TYRNYAUS   BESLAN
                                                              Ingu-   MAIRTUP   MACHATSCHKALA
SOCHUMI   AKARMARA   Nord-   schetien
                                               ossetien   BUYNAKSK
                                     DARGAWS   DSCHEIRACH   KASPIJSK
Schwarzes   GERGETI   BOCHORMA   Kaspisches
Meer   Süd-   Meer
                         Georgien   ossetien   TSCHOCH

                                                         DUISI   Dagestan
                                                                                           DERBENT

                                         TIFLIS
                                                                                      QUBA
Türkei   XINALIQ

                              Armenien   Aserbaidschan
                                                                                       BAKU

                                      Nachi-
                                      tsche-
                                      wan

Iran

Inhalt

geheimnisvoll

Ein großer Teil der Schönheit des Kaukasus ist touristisch noch nicht erschlossen. Reisende können sich noch als echte Entdecker fühlen – müssen sich aber auch auf Sicherheitsrisiken einlassen.

SALTA, DAGESTAN, RUSSLAND

traditionell

Im Alltagsleben mancher Hirten hat sich seit Jahrhunderten wenig
geändert. Pferde gelten seit jeher als ein Zeichen des Wohlstandes.
Auf schmalen Pfaden sind sie immer noch das beste Transportmittel.

JUTA, GEORGIEN

modern

Die Machthaber legen in den Städten großen Wert auf
eindrucksvolle Bauwerke. Für Liebhaber opulenter Architektur bietet
der Kaukasus so einige unverhoffte Highlights.

TIFLIS, GEORGIEN

sehnsüchtig

Die weiße Taube sträubt sich ein wenig, im Gesicht ihres Züchters
scheint sich Unsicherheit abzuzeichnen. Wohin geht die Entwicklung,
zu mehr Frieden oder mehr Konflikt?

DERBENT, DAGESTAN, RUSSLAND

← Blumen an einem Kriegsdenkmal im Zentrum von Grosny: Schönheit und Schrecken liegen im Kaukasus oft eng zusammen.

Einleitung

> >> >> Wer zu verstehen versucht, warum das mit dem Weltfrieden nicht klappt, ist im Großen Kaukasus goldrichtig. Vor Jahrtausenden sollen hier ein paar sadistische Götter den mythologischen Feuerdieb Prometheus an den Berg Kasbek gekettet haben, um dem Adler Ethon ungestörten Zugriff auf seine Eingeweide zu erlauben. Und seit dieser Ursünde ging es auch in den folgenden Jahrtausenden nie sonderlich friedfertig zu hier. Entlang der 1100 Kilometer langen Bergkette zwischen Schwarzem Meer und Kaspischem Meer streiten sich Großmächte und Kleinstrepubliken um Grenzen, Eigenständigkeit und Ressourcen. Nachbarregionen, die friedlich miteinander auskommen, sind eher die Ausnahme als die Regel. Gegenden wie Tschetschenien, Südossetien oder Abchasien sind als Kriegsschauplätze im kollektiven Gedächtnis verankert.

Wenn hier Nachbarn zu den Waffen greifen, kämpfen Christen gegen Muslime, Europa-Anhänger gegen Russland, moderate Muslime gegen strenge Muslime, Elitekämpfer gegen Terroristen, Geheimdienstler gegen Aufrührer, Separatisten gegen Soldaten, Milizen gegen Armeen. Jede Art von Konflikt und jede denkbare Begründung dafür — man findet sie problemlos allein in den vergangenen 200 Jahren Kaukasusgeschichte.

Das hängt auch mit der kulturellen Vielfalt zusammen: In der Region leben etwa 30 Millionen Menschen, die rund 46 verschiedenen Völkern angehören und über 40 Sprachen sprechen. Früher wurde der Kontakt zwischen einzelnen Volkcgruppen oft erschwert durch die Unwegsamkeit der Berglandschaften, heute sorgen manche Landesgrenzen für ähnliche Effekte. In der Antike galt die Bergkette als Grenze zwischen Europa und Asien, was aus damaliger Sicht gleichbedeutend war mit einer Grenze zwischen Zivilisation und Barbarei.

Aus der Zeit gibt es neben der fürchterlichen Prometheus-Legende noch eine andere, nicht weniger symbolträchtige, nämlich die von Jason und seiner Argonautentruppe. Der schipperte über das Schwarze Meer nach Kolchis (heute Abchasien) auf der Jagd nach dem wertvollen Goldenen Vlies, eroberte aber klugerweise zuerst die einheimische Königstochter Medea, die ihrerseits wiederum bei der Vlies-Eroberung half und zur Belohnung später mit in Jasons griechische Heimat segeln durfte. Ob die Sage andeuten möchte, dass Kaukasus-Besucher neben viel Krawall auch einige Schönheit erwarten dürfen? Wir haben uns vor Ort davon überzeugt: Es gibt viel mehr Schönheit im Kaukasus, als die meisten glauben, und noch sind dort Reisen möglich, auf denen man sich als echter Entdecker fühlt.

Trotzdem wird es in jedem der folgenden Texte, zumindest teilweise, um Konflikte gehen. Um den Kampf zwischen Nachbarn, Krieg und Hass, um sportlichen Wettstreit, um Diskriminierung, um Unfreiheit, aber auch um das Spannungsverhältnis zwischen Mann und Frau.

In den Bildern steht dagegen häufig eine Art von Harmonie im Vordergrund, Ähnlichkeiten und unverhoffte Parallelen. Und letztlich: Menschlichkeit. Erst beides zusammen ergibt das komplette Bild dieser einzigartigen Region, die einen nicht mehr loslässt, wenn man einmal beginnt, sich auf ihre Geschichten und Menschen einzulassen. Wir werden einmal den Großen Kaukasus entlangreisen, in Russland, Georgien und Aserbaidschan. Armenien dagegen lassen wir aus. Nicht, weil es dort zu wenig Schönheit oder zu wenig Konflikte gäbe. Sondern weil wir entschieden haben, uns auf die geografisch besonders reizvolle nördliche Hauptbergkette zwischen Schwarzem Meer und Kaspischem Meer zu beschränken. Die Route führt vom modernen Sotschi ins moderne Baku. Zwei Großstädte als Eckpteiler, in die viel investiert wurde, die repräsentative Pflichten erfüllen und einen Blick in eine mögliche Zukunft erlauben. Doch mindestens genauso interessant ist das Dazwischen. Wir laden Sie ein, mit uns einzutauchen in eine schier unendliche Vielfalt an Kulturen, Überzeugungen und Geschichten, deren einzige Verbindung die geografische Nähe zur ewigen Bergkette zu sein scheint. Allerdings nur auf den ersten Blick. Denn wer ein bisschen verweilt, merkt plötzlich, dass es mehr Gemeinsamkeiten gibt, als selbst die Einheimischen jemals zugeben würden. ■

Stephan Orth und Gulliver Theis

SOTSCHI
RUSSLAND

← In Pink, Rot, Weiß, Blau und Lila wird jeden Abend die »singende Fontäne« von Sotschi angestrahlt. Als würde man sich hier wünschen, die Spiele gingen immer noch weiter.

SPORTLER GEGEN SPORTLER

Fünf Ringe, mannsgroß, verschiedenfarbig und doch ineinander verflochten, Symbole für die fünf Kontinente. Amerika, Europa, Asien, Afrika und Ozeanien. Daneben hängen an einer Wand Heldenporträts von Männern und Frauen mit Goldmedaillen. Etwa 30 oder 40 Touristen stehen Schlange, um Erinnerungsfotos zu schießen, nirgendwo sonst im Olympiapark ist der Andrang dafür so groß. Drei Teenager liefern sich eine kleine Rangelei darum, wer als Nächster in die Ringe darf: »Ich war zuerst da.« »Ich war schon hier, da warst du noch gar nicht geboren.« »Lügner!« — und so weiter. Alle kriegen schließlich ihr Bild.

An ihrem westlichsten Zipfel, im Küstenort Adler bei Sotschi am Schwarzen Meer, präsentiert sich die Kaukasusregion maximal international. Anfang 2014 kamen die besten Sportler aus 88 Ländern in die »City of the Future« (Eigenwerbung), um sich zu messen. Ein nie da gewesenes Fest sollte es werden, vorbereitet mit nie da gewesenen Investitionen. Mindestens 50 Milliarden Dollar sollen die Spiele gekostet haben, Bestechungsgelder miteingerechnet. Ein Event im Fokus der Weltöffentlichkeit, bei dem sich alle vier Jahre wieder die Frage stellt, zu wie viel Prozent es dem Gastgeber um Völkerfreundschaft und friedliches Miteinander geht und zu wie viel Prozent um Selbstdarstellung und Siege.

Für die Beteiligten jedenfalls waren die zwei Wochen im Februar 2014 unvergesslich. »Es hat unglaublichen Spaß gemacht, war aber auch sehr anstrengend, ich habe kaum geschlafen«, sagt Svetlana, eine Sportmanagement-Studentin aus Omsk, die als Freiwillige die Akkreditierungen der Besucher überprüfte. »Sechs Tage je zehn Stunden arbeiten, dann einen Tag frei.« Stolz klingt die 27-Jährige, wenn sie davon berichtet. Zwischendurch durfte sie auch zu ein paar Wettkämpfen, Skispringen und Curling, das Beste aber war die Biathlon-Staffel, viermal siebeneinhalb Kilometer, am Ende holten die Russen Gold vor den Deutschen.

Und heute? »Das Skigebiet Krasnaya Polyana läuft gut, 120 Prozent Auslastung im Winter. Aber in der Stadt stehen viele Hotels leer.« Besonders schwierig ist die Anschlussverwendung für den Olympischen Park mit Fischt-Stadion, Bolschoi-Eispalast, Schaiba-Eisarena, Eisberg-Eislaufpalast und Formel-1-Rennstrecke. Was tun mit Prachtbauten, die keinen Nutzen mehr erfüllen, mit Sportanlagen, die zu schnell Gedenkstätten geworden sind? Ein paar Fußballspiele im Fischt bei der WM 2018 und ein Scorpions-Konzert im Eisberg (wer unter dem Motto »Crazy World Tour« unterwegs ist, kann ja wohl kaum ausgerechnet den Kaukasus auslassen) reichen noch lange nicht, um die enormen Baukosten wieder reinzuwirtschaften. Auch wenn neuerdings mehr und mehr internationale Konferenzen und Events hier stattfinden: In wenigen Städten ist der Höhepunkt der Ortsgeschichte so eindeutig bestimmbar wie in Sotschi und dem Nachbarort Adler, und er liegt in der Vergangenheit, in zwei konzentrierten Wochen im Februar 2014.

Am Brunnen unter der Olympiafeuer-Skulptur, die je nach Blickwinkel an ein Flugzeugheck oder einen Schwanenhals erinnern, mühen sich pink-rot-weiß-blau-lila beleuchtete Wasserspiele jeden Abend, den Geist der Spiele wiederaufleben zu lassen. »Fairytales of yesterday will grow but never die«, singt dazu Freddie Mercury. Der Refrain »The show must go on!« kann als Zeitgeistbeschreibung interpretiert werden oder als frommer Wunsch. Im Olympia-Freilichtmuseum von Sotschi ist er eher Letzteres. ■

↑ Einmal klemmt das Gewehr an diesem Schießstand in Sotschi. Die Angestellte hinter dem Tresen demonstriert bei der Reparatur mit todernstem Gesicht, wie gleich- gültig und freudlos russisches Entertainment sein kann.

↑ Ein paar Meter weiter liegen Strandbesucher so da, als hätten sie selbst die Kugeln abbekommen. Auf der Promenade und am Ufer hat man trotz vieler Neubauten nicht das Gefühl, sich in einer »City of the Future« zu befinden. Ein Poster, das einen Auftritt der Scorpions ankündigt, verstärkt diesen Eindruck.

It's a crazy world

❯❯ Wir kommen mit Konstantin ins Gespräch. Ende zwanzig, praktische Kurzhaarfrisur, ernste Mundwinkel. Er arbeitet als Wachmann im Olympia-park, »but for you no problem, you are my friends«. Dann erklärt er uns mit fünf Worten, was man über ihn und seine Landsleute wissen muss: »Russians serious, but soul: biiiig!« Zur Bekräftigung breitet er die Arme aus und schlägt spontan vor, im O'Sullivans die deutsch-russische Freundschaft zu begießen. »They have drinks and beautiful girls«, verspricht er.

Auf der lauschigen Holzveranda des Irish Pub stellt sich zunächst heraus, dass nur die erste Hälfte seiner Ankündigung stimmt, aber man kann ja auch einfach auf die Frauen trinken. »Putin sagt, die Russinnen sind die schönsten, aber genau genommen sind Ukrainerinnen noch schöner«, sagt Konstantin und hebt sein Guinness-Pint, und nachdem das geklärt ist, bestellen wir frittierte Tintenfischringe und reden über Fußball und Krieg. Zu Konstantin haben sich noch zwei Freunde gesellt, Sam und Vowa, die sämtliche deutsche Nationalspieler von Gerd Müller bis Manuel Neuer beim Namen kennen, sich aber einig sind, dass der Russe Lew Jaschin der beste Torwart aller Zeiten war. Beide Fußballexperten kommen aus Abchasien, unserem nächsten Reiseziel, die Grenze liegt nur ein paar Kilometer südlich von Adler. Sie empfehlen, an der Grenze »am roten Duty-Free-Shop« Alkohol zu kaufen, und vergessen auch nicht zu erwähnen, dass es sich um »das schönste Land der Welt« handle. Allerdings seien die Spuren des Krieges zwischen Russland und Georgien dort noch deutlich zu sehen.

Wir trinken auf die Heimat und auf die Familie und auf die Toten, und beim dritten Pint stimmt Konstantin einen Toast auf »Peace, Sex and Rock'n'Roll« an, wird aber gleich darauf ernst: »Frieden, das wäre mal was. Aber guck dir die Situation an: Russland gegen die USA und Europa, die USA gegen Nordkorea und Iran, Iran gegen Saudi-Arabien und Israel, die Saudis gegen Jemen, der ›Westen‹ gegen den IS, und dann das Chaos in Syrien. It's a crazy world.«

Als die Kellner schon demonstrativ die benachbarten Tische wischen und Stühle hochstellen, zahlen wir und steigen zu fünft in ein Taxi. Kurz nachdem wir die Hauptstraße erreicht haben, legt der Mazda vor uns ganz plötzlich eine Vollbremsung hin. Unser Fahrer muss richtig in die Eisen gehen, um eine Kollision zu verhindern. Wir beobachten, wie eine Frau aussteigt, die Fahrertür zuknallt und mit theatralisch ausladenden Schritten ums Auto stakst, um durchs offene Fenster ihren männlichen Beifahrer zu beschimpfen. »Wahnsinn! So ein Fahrmanöver, nur weil sie Streit mit ihrem Freund hat. Ohne Rücksicht auf andere«, sagt Konstantin in sachlichem Tonfall.

Kurz darauf erreichen wir unser Hotel und verabschieden uns von unseren neuen Freunden. It's a crazy world. Mit diesem Satz im verkaterten Kopf erreichen wir am nächsten Morgen die Grenze zu Abchasien. ∎

↖ Mit Konstantins Freunden Sam und Vowa (von links) stoßen wir auf den Frieden an. Aus dem Lautsprecher des Irish Pub tönt es laut »I would walk 500 miles«, irgendwie ein passender Auftakt für unsere Reise.

→ Liebte Lenin Luftballons? In einem Park in Sotschi sieht es auf dieser Momentaufnahme zumindest stark danach aus.

↑ Zumindest an diesem Sommertag sind die Wasserrutschen komplett verwaist. Touristen sitzen lieber mit einem kühlen Baltika-Bier in einem der Cafés der Promenade oder bestaunen beim Flanieren die luxuriösen Oligarchen-Jachten in der Bucht.

↑ Im Bogatyr-Hotel auf dem Olympiagelände in Adler können sich Besucher zwar nicht als Oligarch, doch immerhin als Schlossherr fühlen. Es befindet sich mitten im »Sotschi Park«, wo sich alles um russische Märchen und Folklore dreht.

GAGRA
ABCHASIEN

← Auf dem lokalen Markt wird Trockenfisch angeboten. Die Kunden sind Einheimische oder russische Touristen – aus anderen Ländern kommen bislang kaum Besucher.

SEPARATISTEN GEGEN REGIERUNG

Ein trauriger Bär mit zerknitterter Russland-Fahne begrüßt als lebendige Skulptur am Grenzübergang von Psou Neuankömmlinge aus Abchasien.

In der Gegenrichtung, beim Fußmarsch zwischen Metallzäunen, begrüßen uns:

❱ ein kräftig gebauter FSB-Geheimdienstmann, der unsere Pässe so oft durchblättert, als wollte er jede Seite auswendig lernen.

❱ ein älterer Herr in grünem Hemd mit vier Sternen auf der Schulter, der perfekt Deutsch spricht (»Guten Tag, haben Sie Waffen, Munition?« »Nein.« »Haben Sie Geld?« »Etwa 20.000 Rubel.« »Also unwesentlich.« Wir dürfen weiter).

❱ zwei Schäferhunde, die auf dem Boden des Passabfertigungsgebäudes dösen.

❱ die wahrscheinlich schönste Grenzbeamtin Russlands.

Wegen unserer ungewöhnlichen Herkunft – nahezu hundert Prozent der Abchasien-Touristen sind Russen – telefoniert sie zweimal und schickt uns dann mit einem Beamten ins Verhörzimmer.

Das Interview beginnt unkonventionell. »From Germany?« »Yes.« »Julian Draxler!« »Yes.« »Where does he play?« »Paris Saint-Germain.« »And before?« »Hmm. Schalke?« »Wrong, Wolfsburg! You can google it.« – Wird der uns die Einreise man-

gels Fußball-Fachwissens verweigern? Zum Glück kommen dann doch noch die normalen Fragen. »What do you do in Abkhasia?« »Holiday.« »And then?« »Back to Russia.« »Okay. I like Bundesliga very much. Goodbye.«

Damit ist endlich der Weg zum »roten Duty-Free-Shop« frei, dessen Angebotspalette keinen Vergleich mit europäischen Großflughäfen scheuen muss, sie reicht von Kloster Eberbach Spätburgunder bis zu 18-jährigem Singleton. Unschlagbar sind die Preise, ein Liter Russian Standard Gold oder eine Stange Winston kosten je acht Euro.

Wir schaffen es trotz aller Versuchungen nüchtern zum Einreiseschalter, zeigen unser online beantragtes vorläufiges Visumsformular und sind endlich drin. Ganz schöner Aufwand für ein Land, das es eigentlich gar nicht gibt.

Denn völkerrechtlich ist Abchasien – trotz eigenen diplomatischen Kürzels ABC und internationaler Vorwahl +7840 – nicht existent. Nur fünf Länder erkennen die abtrünnige, vormals georgische Provinz als eigenständigen Staat an: Russland, Nicaragua, Venezuela, Syrien und Nauru, eine Insel in Mikronesien. Gerüchten zufolge soll ein russischer Kredit in zweistelliger Millionenhöhe das unverhoffte Interesse am kleinen ABC begünstigt haben. Der Rest der Welt schafft es seit 25 Jahren

verhältnismäßig mühelos, die Region mit der Einwohnerzahl von Magdeburg zu ignorieren.

Nachdem der strategisch denkende Stalin Abchasien 1931 Georgien zuschanzte, strebten die Einheimischen schon in Sowjetzeiten nach Unabhängigkeit. Doch erst 1993, nach einem Krieg unter tatkräftiger Militärhilfe aus Russland, erkämpfte sich Abchasien in blutigen Schlachten den heutigen Niemandslandstatus. Noch immer sind 250.000 Georgier, die vormals hier lebten, quasi heimatlos. Manche hausen bis heute unter einfachsten Bedingungen in verfallenen Gebäuden, die nach dem ursprünglichen Plan nur temporär als Flüchtlingslager dienen sollten. Der Konflikt ist weiterhin ein Reizthema: Wer nach einem Abchasien-Besuch noch einmal nach Georgien einreisen will, sollte sich auf keinen Fall das Visum mit der Landesflagge in den Reisepass kleben; dabei ist die Nationalfahne durchaus dekorativ, sie zeigt zwischen grün-weißen Streifen eine weiße Hand auf blutrotem Hintergrund. Ob sie freundlich winkt oder den Weg versperrt, da ist man sich als Betrachter nicht ganz sicher. ■

Die abchasische Flagge läuft besser als die russische, sagt uns dieser Souvenirverkäufer. Am Strand von Gagra ist längst wieder touristische Normalität eingekehrt, auch wenn die meisten Gebäude entweder verfallen oder halb fertig sind und sich manche Hotelbetreiber mehr Sommergäste wünschen würden. Ein Strandbesucher bringt die Stimmung mit einem tätowierten Cicero-Zitat auf seinem Rücken auf den Punkt: »Dum spiro spero« bedeutet »Solange ich atme, hoffe ich«, ein kleiner Schreibfehler hat sich allerdings eingeschlichen.

Traumjob

❱❱ An einem über zehn Meter hohen Mast vor dem Sanatorium Sana in Gagra hängt ein Schild mit kyrillischen Lettern: »Sonnenliegen 150 Rubel, Sonnenschirme 150 Rubel, mit ärztlichem Attest 50 Prozent Ermäßigung«. Georgische Schriftzeichen findet man in ganz Abchasien nicht mehr. Nur die allgegenwärtigen Tschurtschchela-Walnussstangen und die vielen Sorten süßlichen Rotweins auf den Märkten muten noch sehr georgisch an.

Zu Sowjetzeiten war Gagra der bevorzugte Strandurlaubsort der Parteifunktionäre und Firmenchefs. Ruinen prächtiger Kurhotels zeugen bis heute von dekadenten Zeiten an der »Roten Riviera«. Nun kommen wieder russische Badeurlauber, die es hier bequem haben, denn man zahlt in Rubel, alle sprechen Russisch, und günstiger als an den vergleichbaren französischen oder italienischen Rivieren ist es auch.

Der Ort hat eine ganz eigene Aura von Melancholie und Hedonismus, das Nebeneinander von Verfall und Noch-nicht-fertig-Sein, von Russendisko und Schickeria-Cafés zieht uns bei einem Rundgang schnell in seinen Bann. Etwa alle 300 Meter stehen konservendosenartige Minikioske mit Ziegeldach, aus denen mürrische Babuschkas starren und wo »Exkursii«-Fotos mit bekannten Sehenswürdigkeiten angepriesen werden.

Mika aus Georgien arbeitet als Rettungsschwimmer an einem Posten vor dem halb fertigen Abkhasia Hotel, das im Kontrast zur Buntheit der benachbarten nagelneuen Wasserrutsche ganz besonders grau wirkt. »Die Wellen im Meer sind gefährlicher als sie aussehen, man muss ganz schön aufpassen«, sagt er und deutet auf die paar Dutzend Touristen, die sich im Wasser tummeln. Ein Problem mit den Russen hat er nicht, 25 Jahre ist die Zeit der ethnischen Säuberungen her, er war damals zwei Jahre alt. »Ich mag die russischen Mädchen«, sagt er grinsend, außerdem finanziert der Baywatch-Spaß seinen Sommer: 1000 US-Dollar pro Monat, plus drei Mahlzeiten und Hotelunterkunft. »Das ist der beste Job der Welt. Guck mal, da draußen schwimmt ein Delfin!« ∎

← Mehr über den Konflikt erfahren wir von dem Elektro-ingenieur Danila, der in der Lakoba-Straße in einem verwitterten Haus wohnt. Mithilfe des Übersetzungs-programms des russischen Anbieters Yandex berichtet er von den Kriegsmonaten. Eine etwas roboterhafte Frauenstimme liefert aus dem Handy holprige Über-setzungen. Zumindest, solange das wacklige WLAN hält. »Als die Soldaten kamen, ich war in der Evakuierung, in der Region Krasnodar, ich war sieben Jahre alt«, übersetzt die Handy-Frauenstimme.

→ Danilas Frau bringt aus
einer Outdoor-Küche im Garten
eingelegte Mandarinen und
Chacha-Schnaps auf den
Tisch. Danila erzählt weiter:
»Es gab Kämpfe. Infanterie
und Panzer. Aber im Süden
war es schlimmer. Nur zwei
Bomben fielen in Gagra,
auf das Altenheim und die
Eisenbahnbrücke. Die echte
Zerstörung kam danach —
durch banale Plünderungen.«
Und die Situation heute?
»Kriegsende mehr als
20 Jahre, und das Land
ist rückläufig und völlig
abhängig von Russland«,
sagt die Computerstimme.

↑ Anfang des 20. Jahrhunderts machte Peter von Oldenburg,
ein Urenkel von Zar Nikolaus I., Gagra zu einem mondänen
Sommerfrische-Treffpunkt der Parteifunktionäre und Eliten.

↳ Heute ist Gagra für Russen eine preisgünstige Alternative zu Sonnenzielen in Südeuropa oder Asien. Vom Flughafen Sotschi dauert die Anreise weniger als zwei Stunden. Schilder abseits der Strände weisen darauf hin, dass im Ort eher konservative Kleidungsvorschriften gelten.

↗ In einer Art Zeltbistro stehen auf dem Markt Plastikstühle für die Frühstücksgäste bereit.

← Den ortstypischen Rachenputzer Chacha gießt Andreij aus einer Drei-Liter-Flasche ein. Die Bitte »chut chut« (»nur ein bisschen«) interpretiert er als falsche Bescheidenheit – und macht das Schnapsglas extra noch etwas voller als das andere.

Drei ist besser

▶▶ Auch am nächsten Morgen auf dem Marktplatz erweist uns das Handy-Übersetzungsprogramm gute Dienste, diesmal nur in der Textversion ohne Stimme. An einem Stand kommen wir mit Andreij und seiner 13-jährigen Tochter Katrina ins Gespräch. Wir haben noch nicht gefrühstückt und eigentlich wollen wir nur einen Kaffee bestellen, doch Andreij hat andere Pläne. Er stellt drei Gläser auf den Tisch und gießt aus einer Drei-Liter-Plastikflasche hausgebrannten Chacha ein, 60 prozentigen Traubenschnaps aus der Hölle (»Auf Abchasien! Nach unseren Mädchen werden sie sprechen!«, steht auf dem Display, vermutlich ist statt »nach« eigentlich »von« gemeint). Die Verkostung geht weiter mit Lorbeerschnaps (»In Abchasien ist alles!« – Das soll wohl »gibt es alles« heißen und bezieht sich auf das ungewöhnliche Gesöff), dann zurück zu Chacha (»Zwei ist nicht gut, drei ist besser!« – Es lebe die moderne Technik, die es erlaubt, Trinksprüche ins Handy zu tippen, statt sie auszusprechen). »Bomba«, sagt Andreij anerkennend beim Blick ins leere Glas, immerhin das ist ein Prädikat, das keiner Übersetzung bedarf.

Auf unsere Frage nach der Möglichkeit, nun doch den ursprünglich bestellten Kaffee zu erhalten, tippt Andreij eine Botschaft, die übersetzt folgendermaßen klingt: »Drunk es notwendig ist, dass ich getrunken habe bei mir selbst einen halben Tag zu setzen.« Wir rätseln bis heute, was er damit meint, vermuten aber, dass er gerne noch einen halben Tag mit uns weitergetrunken hätte, um wirklich betrunken zu werden.

Einen Kaffee. Bitte. »Wirklich keinen Drink mehr?«, fragt Andreij enttäuscht. Nein, wirklich nicht. Er schmeißt einen winzigen Wasserkocher mit lebensgefährlichen Löchern in der Kabelisolation an. Gleichzeitig füllt er Nescafé, die pulverförmige Geißel jedes kaffeeliebenden Kaukasus-Touristen, in zwei braune Plastiktassen. Wir verabschieden uns gegen halb zehn als Freunde, dann schwanken wir zu einem Gebäckstand, um endlich was zu essen. ∎

← Urlaub wie vor 80 Jahren: In der Lobby des feudalen Sanatorium-Hotels Amra steht eine der dekorativsten Lenin-Skulpturen der Region. Für Sowjetnostalgiker hat Gagra einen besonderen Reiz, weil vieles noch im Original-zustand erhalten ist.

→ Am Strand sieht man Affen, die zur Touristen-Bespaßung herhalten müssen. Sie haben es immer noch besser als die Tiere in einem nahe gelegenen Forschungszentrum – dort werden Medikamente getestet und sogar Affen auf Weltraummissionen vorbereitet.

← Stalins Lieblingsdatscha steht in den Bergen über Gagra, mit einem grünen Dach so gut getarnt, dass sie vom Tal aus nicht sichtbar ist. Der Diktator hatte ein Faible für edle Hölzer. Eiche und Karelische Birke wurden verbaut. »Ich mag Stalin, er hat den Krieg gewonnen und Russland zum großartigsten Land der Welt gemacht«, sagt uns der Museumsführer. Auch so manche Grausamkeit, von der er zu berichten weiß, bringt ihn nicht von dieser Meinung ab. So ließ sich der Staatslenker junge Frauen aufs Datscha-Liebesnest bringen, die nach der Nacht mit ihm spurlos verschwanden.

↪ Im Esszimmer hängt ein Panoramaspiegel, der einen Blick auf den gesamten Raum erlaubt. Stalin stellte sich manchmal während eines Dinners davor, tat so, als würde er sich die Haare richten, beobachtete aber in Wahrheit ganz genau, was hinter ihm geschah. Wenn sich ein Gast unangemessen verhielt, rief er per Knopfdruck nach seinem Leibwächter, dem für seine Kaltblütigkeit berüchtigten General Nikolai Vlasik, und ließ ihn rausschmeißen.

SOCHUMI
ABCHASIEN

← An der Uferpromenade von Sochumi läuft ein Fußballspiel. Trotz miserabler Bildqualität versammeln sich einige Schaulustige. Die Hauptstadt Abchasiens liegt 80 Kilometer südöstlich von Gagra und war einer der wichtigsten Schauplätze des Bürgerkrieges.

→ In Bobbycars werden schon die Kleinsten darauf eingestimmt, dass sie in einer Region leben, in der das Militär eine wichtige Rolle spielt. Im September 1993 kam es hier zum »Massaker von Sochumi«, bei dem Separatisten und russische Söldner in wenigen Tagen 7000 ethnische Georgier töteten.

↑ Das Parlamentsgebäude im Zentrum von Sochumi brannte
1992 nach einem Angriff georgischer Truppen komplett aus.
Bis heute wurde es genau so belassen und dient als Mahnmal.

↑ Die beiden jungen Männer treffen sich abends, um auf dem Pier von Sochumi Jumpstyle zu tanzen. Das tun sie mit großem Geschick; sogar ohne Musik sind sie sehr rhythmussicher.

← Im Ambiente original erhaltener Sowjetarchitektur gönnen wir uns ein Bier am Pier mit Blick auf das Schwarze Meer. Der Tourismus hier hat sich seit dem Krieg wieder ein wenig erholt, erreicht aber längst nicht die Zahlen wie in den besten Zeiten.

→ Olya stammt aus Jekaterin-
burg und ist Kostümbildnerin.
Über den Sommer wohnt
sie in einem kleinen Holzhaus
in Sochumi, die Miete ist
günstig. »Ich mag die Berge,
das Meer und das Wetter«,
sagt sie.

AKARMARA

ABCHASIEN

← Nicht der typische S-Klasse-Besitzer: Asdamur arbeitet als Fahrer — wenn mal ein Tourist in die Region kommt. Er war vier Jahre alt, als seine Heimatstadt belagert wurde.

STÄDTER GEGEN SOLDATEN

>>> Asdamur fährt einen prähistorischen S-Klasse-Mercedes mit beigefarbenen Ledersitzen, dem die vordere Stoßstange fehlt. Auf Schotterpisten brettert er so temperamentvoll in Richtung georgische Grenze, dass der abchasienförmige Wunderbaum unter dem Rückspiegel nach Vanille duftende Pirouetten dreht. Die Umgebung wird immer grüner, links und rechts von uns verstecken sich Berggipfel unter Nebelwolken, im Tal tief unter der Straße rauscht der Galidsga-Fluss. Wir passieren eine Eisenbahnbrücke, die kurz nach dem Zweiten Weltkrieg von deutschen Kriegsgefangenen gebaut wurde. Längst fährt hier kein Zug mehr, seit 25 Jahren ist die Verbindung in Richtung Tiflis unterbrochen. Die Schienen wurden abmontiert, weil Stahl knapp ist in Abchasien.

Asdamur hält immer mal wieder kurz an, um eine Slimline-Zigarette zu rauchen. Während er fährt, berichtet er vom Krieg, seine Stimme klingt unerwartet fragil im Verhältnis zu seiner kräftigen Statur.

»Ich war vier Jahre alt und wohnte mit meiner Familie in Tqwartscheli während der Belagerung.« Das ist die Stadt, in der wir losgefahren sind, bevor es tiefer in den Wald ging. »Ich erinnere mich noch an die Geräusche der Flugzeuge und Hubschrauber und an die dumpfen Explosionen der Bomben.« 413 Tage lang riegelten georgische Truppen die Kohleminenstadt ab, die durch ihre Lage zwischen Bergen leicht zu kontrollieren war: Parallel zur Zugtrasse führt nur eine Straße hinein und eine hinaus. Tausende Menschen starben während der Belagerung, und weil es auch nach dem Waffenstillstand keine Jobs mehr gab, gingen viele weg, nach Sochumi oder Gagra. Von einst 50.000 Einwohnern sind heute noch etwa 3000 übrig, dafür trägt Tqwartscheli jetzt den Titel »Heldenstadt«, so wie Sankt Petersburg und Wolgograd.

»Meine Tante schaffte es in einen Evakuierungshelikopter, doch der wurde abgeschossen und sie starb. Ich hasse die Georgier nicht dafür. Es war Krieg, beide Seiten führten nur die Befehle ihrer Regierungen aus.« Monatelang ernährte sich seine Familie von dem, was der Garten hergab, Trinkwasser kam aus dem Fluss, ihr Brot buken sie aus Maismehl. Nun betreiben seine Eltern einen kleinen Lebensmittelladen, er verdient als Fahrer ein bisschen Geld. Viele Touristen kommen nicht. Obwohl der Ort, in dem er nun den Wagen anhält, in weniger schwer zugänglichen Weltregionen das Potenzial hätte, viele Tausend Besucher anzulocken: die »Geisterstadt« Akarmara. Einst muss sie einer der prachtvollsten Orte der Sowjetunion gewesen sein, mit breiten Alleen und hervorragender Bausubstanz, ein Rückzugsort für Wohlhabende mit Kurkliniken und frischer Bergluft. Und gleich nebenan die Kohleminen, deren Einkünfte das nötige Geld brachten. Doch dann kamen die Panzer und Bomben, georgische Truppen legten die Stadt in Schutt und Asche.

Noch etwa 50 Menschen sollen hier heute leben, ein Prozent der einstigen Bevölkerung, außerdem einige Hunde und Schweine. Außer ihren arttypischen Lauten stört nur Vogelgezwitscher die postapokalyptische Stille. Manchmal fallen auch heute noch Schüsse: »Ab und zu kommen Jäger. In der Umgebung gibt es Wölfe, Wildschweine, Füchse und sogar Bären«, sagt Asdamur. »Manchmal kommen Jäger her und übernachten in den Ruinen.«

Vom Kino des Ortes ist nur noch ein Geröllhaufen übrig, und wo früher der Jugendclub war, ist heute nur noch eine Büste des »Helden der Arbeit« Machail Iwanowitsch zu sehen. Zwei Kinder mit Pfeil und Bogen der Marke Eigenbau stromern herum, in einem Gebüsch liegt eine »Melodia«-Schallplatte, herausgegeben vom Kulturministerium der UdSSR. Etwas außerhalb steht ein alter Kohlebagger als weitere Erinnerung an Zeiten, als Akarmara mehr wirtschaftliches Potenzial hatte als die paar vereinzelten Bienenstöcke.

Was Panzer nicht kaputt bekamen, erledigt nun die Natur. Pflanzen holen sich die vier- und fünfstöckigen Gebäude zurück, wie ein einzelner hektargroßer Organismus, der sich aus dem Boden Stein und Putz einverleibt. Wie um zu zeigen: Ihr könnt euch bekriegen wie ihr wollt, gegen die Ewigkeit kommt ihr nicht an. ■

↪ Die Geisterstadt Akarmara wirkt wie ein Freilicht-
museum, das nach und nach vom Grün überwuchert wird.
In manchen Wohnungen sind noch Möbel, Gebrauchsgegen-
stände oder sogar Heiligenbilder erhalten. Ein paar Dutzend
Menschen harren hier aus, sie versuchen, mit Schweinezucht
oder als Imker ein bisschen Geld zu verdienen.

↻ Die einstige Pracht des Ortes lässt sich trotz aller Überwucherung noch erahnen. Zwar kursieren Ideen, den Ort wieder zu einem Luxusresort in den Bergen herzurichten, doch bei der aktuellen Touristenzahl und den zu erwartenden Kosten dürfte es schwer sein, dafür einen Investor zu finden.

ELBRUS

RUSSLAND

← Viele Abenteuerreise-Spezialisten bieten Elbrus-Besteigungen an. Doch einige Bergsteiger unterschätzen die Strapazen, die die Höhe mit sich bringt.

MENSCH GEGEN BERG

》》》 In Europas höchstgelegenem Hotel sitzt Nikolai Tschernij am Fenster und löst mit einem grünen Bleistiftstummel Sudoku-Rätsel. Ein nicht untypischer Zeitvertreib für einen 78-Jährigen, weniger großväterlich ist dagegen der Job, von dem er bis heute nicht loskommt: Bergführer. Übermorgen will er wieder einen Gipfelversuch wagen, mit einer Gruppe aus den USA und Australien auf zum höchsten Gipfel des Kaukasus, 5642 Meter über dem Meer!

»Nikolai, was macht den Elbrus so besonders?«

»Wie bitte?«

»Den Elbrus. Was macht ihn besonders?«

»Er ist nicht so besonders. Er ist sehr populär jetzt, wegen diesem Seven-Summits-Ding. Ich war schon mehr als 70-mal oben, allein letzte Saison sechsmal.«

Das »Seven-Summits-Ding« ist eine Liste der höchsten Berge der sieben Kontinente. Seit einigen Jahren versuchen immer mehr Bergsteiger, alle zu schaffen, zahlreiche Abenteuerreise-Veranstalter helfen dabei. Der Elbrus als Europas höchster Punkt gilt als eine der weniger riskanten Touren, weil die technischen Schwierigkeiten geringer sind als etwa am Mount McKinley oder Mount Everest. Die dünne Luft allerdings macht vielen zu schaffen.

»Manche Leute trainieren sehr hart, kommen aber trotzdem nicht gut mit der Höhe zurecht. Ich habe damit zum Glück wenig Probleme«, sagt Tschernij, der lange Zeit als Ausbilder für russische Extrembergsteiger arbeitete. Er selbst stand auf sechs Achttausendern. »Everest zweimal, Nord und Süd, Kangdschenzönga, Annapurna, Lhotse, Cho Oyu, Shisha Pangma«, zählt er auf. »Ich fing damit erst nach dem Ende der Sowjetunion an. Davor war es schwieriger mit dem Reisen. Jetzt ist nur noch Geld das Problem. Okay, Geld und Gesundheit.«

Zumindest mit Letzterem hat er Glück, vor zehn Jahren noch nahm er an einer russischen Expedition an die Westflanke des K2 teil. »Eine Steilwand zwischen 6500 und 8100 Metern. Wir waren die Ersten, die über diese Route zum Gipfel gelangten.« Die Extremtour am zweithöchsten Berg der Erde erregte in der Bergsteigerszene einiges Aufsehen. Auch wenn Tschernij nicht selber im Gipfelteam dabei war, sondern sich um die Logistik kümmerte, ist er darauf besonders stolz. An der Schulterpartie seiner Daunenjacke klebt ein Aufnäher, auf dem »K2 Direct West Face – Summer 2007« steht.

»Nikolai, warum tun Sie sich diese Strapazen an?«

»Die Renten sind nicht so gut in Russland«, sagt er und lacht heiser. ∎

↻ In einem Museum im Tal posiert Putin als verwegener Skiläufer. Doch wirklich verwegen sind wohl eher die, die sich an den Aufstieg auf Europas höchsten Berg wagen. So wie Nikolai Tschernij (links), der schon über 70-mal auf dem Elbrus stand und es einfach nicht lassen kann. In seinem Bergsteigerleben hat sich hier einiges getan: Während früher nur die einfachen »Botschki«-Biwakschachteln als wettersichere Unterkunft infrage kamen, können Abenteurer heute im hochmodernen »LEAPrus 3912« in relativem Komfort Kräfte für den Aufstieg sammeln.

➤ Mit modernen Liften hofft die Region auf mehr Skitouristen. Viele Ausländer schreckt allerdings die Sicherheitslage im Nordkaukasus ab. Um Bären geht es dabei meist nicht, doch auch sie können Menschen gefährlich werden. Dieses ausgestopfte Exemplar befindet sich in einem kleinen Museum im Tal.

Ganz weit weg

❯❯ Das höchstgelegene Hotel Europas besteht aus drei rot-weißen Metallröhren und einer Badnische in Schuhkartongröße. Für stolze 100 Euro pro Nacht bekommt man eine harte Pritsche im Zwölfer-Schlafraum und wacht mit hoher Wahrscheinlichkeit mit Kopfschmerzen auf. Trotzdem sind heute fast alle Betten ausgebucht – wegen der einzigartigen Lage und Architektur. Auf 3912 Metern Höhe fühlt man sich wie ein Kosmonaut auf einem fernen Eisplaneten, zumal wir bei der Anreise die Station »Mir« passierten, so heißt der Liftstopp, von dem uns eine Pistenraupe ans Ziel brachte. Wähnten wir uns ein paar Tage vorher in der Geisterstadt Akarmara noch kurz nach der Apokalypse, suggeriert dieser Ort folgerichtig, wir seien nun in eine Nachbargalaxie evakuiert worden.

»Es hat Monate gedauert, die Einzelteile per Hubschrauber hierher zu bringen«, sagt Maxim, der Betreiber, während er in der Mini-Essecke namens »Café 3912« das Abendessen auftischt. Das Innere sieht aus, als hätte einer der besseren Ikea-Designer versucht, in einer entkernten Flugzeugkabine eine platzsparende Wohnmobileinrichtung zu installieren. Phänomenal ist der Bergblick direkt zum Elbrus-Doppelgipfel an der Frontscheibe, heute allerdings versteckt sich der Riesenberg meist hinter Wolken. »130 Millionen Rubel hat das Ganze gekostet. Wir haben drahtloses Internet, und der Strom wird komplett über Solarzellen auf dem Dach erzeugt.«

Es gibt Frikadellen, Fisch, Reis und Obstsalat auf Designer-Porzellantellern, dazu Schokoriegel, Feigen, Kekse und sieben Teesorten. Die nur etwa zwei Quadratmeter große Küche wird mit äußerster Effizienz genutzt. Für diejenigen, die mit der dünnen Höhenluft nicht zurechtkommen, hat Maxim einen Tipp: »Obst essen. Oder nach Hause gehen«, sagt er lapidar.

Der Flachbildfernseher läuft, es geht um den ungewöhnlich warmen Sommer in Westeuropa und die ungewöhnliche Kälte in Russland, dann um die Ukraine-Krise im Donbass.

»Hier oben fühle ich mich weit weg von den Problemen und Konflikten der Welt«, sagt Maxim, als er beginnt, die ersten Teller abzuräumen. ∎

↑ Von »im Morgenlicht wie Silber leuchtenden Schneeflanken«
berichtete der Schriftsteller Ernst Jünger, als er den Doppelgipfel
des Elbrus beschrieb. Die Erstbesteigung des höheren Westgipfels
(5642 Meter) gelang am 28. Juli 1874 einer englischen Expedition.

↑ Zuletzt hat Russland hier viel in Infrastruktur investiert. Man will ein Touristenziel etablieren, das zumindest den kleineren Skigebieten der Alpen Konkurrenz machen kann. Erste Erfolge sind schon erkennbar, in den vergangenen Jahren stieg die Zahl der Besucher an.

TYRNYAUS

RUSSLAND

← In der Umgebung von
Tyrnyaus wurden zu Sowjetzeiten wertvolle Bodenschätze
gefördert. Nur deshalb ent-
stand hier eine ganze Stadt.

NAZIS GEGEN ROTE ARMEE

》》》 »Die Deutschen waren gut zu uns«, sagt der Fahrer Aslan, der uns aus der Elbrus-Region nach Naltschik bringt, in die Provinzhauptstadt, von der wir einen Bus nach Wladikawkas nehmen wollen. Gerade hat er das Auto in der Bergbaustadt Tyrnyaus zum Stehen gebracht, vor einem Shop für Farbe, der mit der Marke »Berta – deutscher Standard« wirbt, das passt zum Gesprächsthema. »Meine Großmutter hat viel von den Deutschen erzählt. Die Soldaten gaben ihr Schokolade, waren freundlich, machten Erinnerungsfotos mit ihr.«

Weil man beim Thema Zweiter Weltkrieg und Russland normalerweise an die Belagerung von Sankt Petersburg denkt oder die Schrecken von Stalingrad, wird oft vergessen, wie weit die Gebirgsjäger der Nazis im schroffen Kaukasus vordrangen. Im August 1942 nahmen sie eine Berghütte am Elbrus ein, die sich ein paar Höhenmeter über dem heutigen Konservenhotel befand, und hissten bald darauf die Reichskriegsflagge auf dem Gipfel. Divisionskommandant Hubert Lanz schlug sogar vor, den frisch eroberten Berg in »Adolf-Hitler-Spitze« umzubenennen, doch lehnte dies Hitler erbost ab, weil er die Besteigung des Elbrus als Zeit- und Kräfteverlust seiner Gebirgsjägereinheit betrachtete.

Die Nazis wollten es bis nach Baku am Kaspischen Meer schaffen, um wertvolle Ölquellen zu erobern. Sie setzten auf die Unterstützung der Kaukasusvölker, die 1921 gewaltsam von der Roten Armee unterworfen worden waren und dadurch potenzielle Verbündete waren. Verhaltensregeln wurden unter den Soldaten verteilt, die respektvollen Umgang mit den Einheimischen vorschrieben. Der Plan ging auf, wie die Schilderungen unseres Fahrers zeigen. »Die Kommunisten töteten, die Deutschen nicht. Die Kommunisten verboten Religion, die Deutschen akzeptierten sie. Wir haben das nicht vergessen, und wir mögen bis heute die russischen Machthaber nicht.«

Doch man arrangierte sich, sowohl in Sowjetzeiten als auch heute. Die Bergbaustadt Tyrnyaus ist ein Symbol dafür, wie sich nach dem Ende der UdSSR der Nordkaukasus wandelte. Von 1963 bis 1991 wurden hier Wolfram, Gold und Molybdän abgebaut. Nun verwaisen die Industrieruinen, die Einheimischen mussten sich neue Verdienstmöglichkeiten suchen. Aslan, Sohn eines Tataren und einer Tscherkessin, ist ein Paradebeispiel für die Improvisation, die dafür notwendig ist. Er arbeitet als Fahrer, managt aber gleichzeitig eine Arztpraxis, die sein Bruder in Naltschik eröffnet hat. Und vorher erledigte er für acht Jahre Geschäfte für den Republikpräsidenten in Moskau, über die er nicht detaillierter sprechen möchte. »Wenn du hier arbeitest, verdienst du fünf- bis siebentausend Rubel im Monat. In Moskau kriegst du 25.000.« 25.000 Rubel, das sind 360 Euro. Trotzdem ist er froh, wieder zu Hause zu sein. »Die Leute in der Hauptstadt mögen uns nicht, nennen uns Schwarzärsche. Obwohl wir nicht einmal schwarz sind.« Dabei seien die Tscherkessen so herzlich, kultiviert, hätten eine große Vergangenheit. »Ganz anders als die Inguscheten, die immer nur überall rumballern«, sagt Aslan über die Einwohner der Nachbarrepublik. ∎

↑ Zur Zeit der Perestroika wurden die Minen geschlossen, im Jahr 2000
richtete ein Murgang schwere Schäden in der Stadt an. Heute gibt
es hier kaum noch Jobs, viele der bunten Plattenbauten stehen leer.

→ Die junge Dame mit Blumenkranz war trotz kritisch dreinblickender männlicher Begleitung leicht zu einem Foto zu überreden. »Der hat hier gar nichts zu bestimmen«, sagte sie.

→ Typisch Kaukasus: Wer hier mit dem Auto unterwegs ist, muss häufig wegen Tieren auf der Fahrbahn langsamer fahren.

← Wir erreichen Wladikawkas (übersetzt: »Beherrsche den Kaukasus«), die quicklebendige Hauptstadt der russischen Teilrepublik Nordossetien–Alanien. Viele junge Menschen strömen abends auf den Rummelplatz im Zentrum.

→ Auf einer Brücke über den Fluss Terek singt eine Frau mit auffälliger blonder Perücke sehnsuchtsvolle Lieder über die Liebe. Nur ein paar Rubel nimmt sie an diesem Abend ein, die meisten Passanten laufen achtlos vorbei.

BESLAN

RUSSLAND

← Die Turnhalle der »Schule Nummer eins« ist heute eine Gedenkstätte. Unterricht hat hier seit dem Terroranschlag nicht mehr stattgefunden.

TERRORISTEN GEGEN KINDER

Es kommt mir vor, als wäre es gestern passiert. Es war der 1. September 2004, in ganz Russland der erste Schultag, der »Tag des Wissens«, eine große Feier.

Musik spielte, die Kinder ließen bunte Luftballons in den Himmel steigen. Plötzlich knallte es. Wir haben erst nicht kapiert, was los war. Ich drehte mich um und sah Männer mit Waffen und schwarzen Gesichtsmasken. Alles passierte so plötzlich. Sie schossen in die Luft und schrien: »Geht in die Schule, in die Schule!« Wir rannten ins Gebäude. Ich habe überlegt zu fliehen. Aber von meinen beiden Töchtern sah ich nur die jüngere, die ältere nicht.

Im Gebäude hielten sich im oberen Stockwerk weitere Terroristen versteckt. Wahrscheinlich hatten sie sich als Handwerker ausgegeben, in den Ferien mussten noch einige Reparaturen gemacht werden. Als ihre Kumpanen von draußen dazukamen, umarmten sie sich.

Wir wurden in die Turnhalle gebracht. Die Mehrheit der Terroristen schien nicht zu wissen, was sie tun. Sie hörten einfach auf die Kommandos ihrer Chefs, nahmen uns die Handys weg, verlegten Sprengsätze. Eine Frau mit Sprengstoffgürtel, eine »Schwarze Witwe«, lief in den Flur nebenan, dann hörten wir eine Explosion.

Stunden und Tage vergingen, wir bekamen bald schrecklichen Durst. Drei Tage und zwei Nächte lang gab es kein Wasser. Viel länger hätten wir es nicht ausgehalten. Deshalb stehen nun hier am Friedhof überall Wasserflaschen, für die toten Kinder.

Am dritten Tag stürmten Spezialeinheiten das Gebäude, um die Geiseln zu befreien. Erst waren Schüsse draußen zu hören, dann gab es eine Explosion in der Halle. Ich saß auf dem Boden. Aber meine jüngere Tochter sprang auf und wurde schwer verletzt. Sie starb in meinen Händen.

Es kam zu Schusswechseln, wir suchten in der Turnhalle an einer Mauer Deckung. Fragten einen Soldaten, wo wir hinrennen sollten, aber er hatte keine Antwort. Der Tod war überall, wir hörten Fenster bersten, ständig knallte es.

Als ich wieder klar denken konnte, sah ich viele Leichen. Eins meiner Kinder war tot, meine ältere Tochter saß hinter mir. Für 20 Minuten war niemand außer Schülern und Lehrern in der Turnhalle. Keine Kidnapper, keine Retter. Dann kam ein Terrorist und sagte, es gebe ein Feuer, raus hier. Ich wollte die Leiche meiner Tochter mitnehmen, ließ sie dann aber zurück. Ich dachte, er bringt uns in einen Klassenraum, um uns dort nacheinander zu erschießen. Immer noch besser, als lebendig zu verbrennen. Wir folgten dem Mann, er führte uns in die Kantine. Dort zwangen Terroristen einige Frauen, sich ans Fenster zu stellen, zu winken und »nicht schießen« zu rufen. Wir blieben lange dort. Immer wieder wackelten die Wände, wenn Granaten einschlugen. Ich erinnere mich daran, wie plötzlich eines der schweren Fenstergitter auf einem Tisch landete. Nebenan brannte die Turnhalle ab, das Dach stürzte ein und begrub viele Menschen.

Viele verdanken ihr Leben Michail Kusnetsow, einem Speznaz-Kämpfer, der den Geiseln zubrüllte: Springt aus dem Fenster! Vorher waren sie wie gelähmt, dachten nicht an eine Flucht. Dann rannten sie um ihr Leben, und sie entkamen. Es gab keine organisierte Rettungsaktion. Nur den menschlichen Faktor, der den Unterschied ausmachte.

Ich sprang mit meiner älteren Tochter aus dem Fenster. Soldaten brachten uns in Sicherheit, wir waren gerettet.

Erst zehn Tage später durfte ich die Leiche meiner Tochter wiedersehen. Sie war komplett verbrannt. Wir haben sie nur an einer Plombe in den Zähnen erkannt, einem Haarbüschel und einem Stück ihrer Hose.

Es schmerzt sehr, darüber zu reden. Aber wir wollen reden. Wir wollen schreien über das, was passiert ist. Wir haben vor nichts mehr Angst. Eine solche Tragödie darf sich niemals wiederholen.

Dschanna Zirichowa, Mitglied der Gruppe »Stimmen von Beslan« ∎

➤ Ein Denkmal für die Toten soll die Seelen der Kinder symbolisieren, die in den Himmel emporschweben. Geschaffen wurde sie von dem georgisch-russischen Künstler Zurab Zereteli.
In der Ruine der Schule liegen heute Stofftiere der Opfer. Es ist ossetische Tradition, Wasserflaschen für Verstorbene aufzustellen. Hier bekommen sie eine besondere Bedeutung, weil die Kinder in ihren letzten Stunden schrecklichen Durst litten.

❧ Eine Art Sarkophag wurde um die Turnhalle errichtet. Hier kamen während der Geiselnahme die meisten Menschen ums Leben, als nach einem Feuer das Dach einstürzte. Am Stadtrand wurde für die Opfer ein eigener Friedhof eingerichtet. »Du blickst vom Granit in unsere Welt«, steht auf einem von den dunkelroten Grabsteinen. »Wir trauern und wir werden nie vergessen«, steht auf einem Kranz.

»Habt ihr kein Gewissen?«

❱❱ Heute engagiert sich Dschanna Zirichowa für die Organisation »Stimmen von Beslan«. Ihre Mitglieder glauben, dass die russische Regierung schuld ist am Tod der mehr als 330 Opfer – obwohl sich Schamil Bassajew, der bis zu seinem Tod 2006 meistgesuchte tschetschenische Terrorist, als Drahtzieher des Anschlags bekannte. »Putin steckt hinter allem, er wollte den Tschetschenen den Terrorangriff unterschieben«, ist sie überzeugt. Als Beleg nennt sie eine Verwandte, die sie im Krankenhaus traf. Sie habe erzählt, dass ihr Bruder in einem Moskauer Gefängnis war, und kurz darauf wurde er einer der Terroristen in Beslan. Es gebe einige Hinweise darauf, dass manche der Terroristen Strafgefangene waren, die eigentlich im Gefängnis sein sollten. »Wir sind nach Straßburg gegangen, zum Gericht für Menschenrechte, und haben eine unabhängige Untersuchung gefordert.« Doch bis heute kam es nicht dazu. Obwohl sich auch hartnäckig Gerüchte halten, dass entgegen der offiziellen Darstellung möglicherweise mehrere Terroristen entkommen konnten.

Am 1. September 2016, genau zwölf Jahre nach der Geiselnahme, trug Zirichowa bei einer Gedenkveranstaltung ein T-Shirt mit der Aufschrift »Putin ist der Mörder von Beslan«. Die Polizei ging auf sie und vier andere Frauen zu, die die gleiche Botschaft auf der Brust trugen. »Sie sagten zu uns, wir verstoßen gegen das Gesetz. Sie beleidigten uns, sagten, wir seien eine Schande für die Republik. ›Lasst uns in Frieden, das ist unser Tag‹, sagten wir. ›Wir können diesen Tag begehen, wie wir wollen‹ Welches Gesetz erlaubte es, Kinder zu töten?« Sie zogen etwas über, wurden aber trotzdem von Polizisten umzingelt, die sie aufforderten, zur Wache mitzukommen. »Wir sagten, dass wir jedes Jahr erst zur Schule gehen und dann zum Friedhof, niemand wird uns aufhalten. Daraufhin forderten die Polizisten Verstärkung an, die bald mit mehr als 100 Mann eintraf. Als sie die erste von uns mitnehmen wollten, hielten wir sie fest und brüllten: ›Habt ihr überhaupt kein Gewissen?‹ Eine Frau wurde so fest auf den Rücken geschlagen, dass sie sich erbrach.« In einer noch am selben Abend einberufenen Gerichtsverhandlung wurden zwei der Frauen zu Geldstrafen von 20.000 Rubel und drei weitere zu 20 Stunden gemeinnütziger Arbeit verurteilt. Wegen »unerlaubter Versammlung und Widerstand gegen die Polizei«. »Unsere Leidensgeschichte ist noch lange nicht vorbei«, sagt Zirichowa und legt eine Blume vor den Granitgrabstein ihrer Tochter. ∎

→ Dschanna Zirichowa
(rechts) besucht regelmäßig
das Grab ihrer Tochter.

DSCHEIRACH

INGUSCHETIEN

← In der Grenzregion zwischen Nordossetien und Inguschetien wurde unsere Gruppe zeitweise getrennt. Denn die Einreise ist nur mit Sondergenehmigung möglich.

GRENZBEAMTE GEGEN REISENDE

>>> Über dem Schlagbaum steht auf Russisch »Herzlich Willkommen im Dscheirach-Gebiet«, daneben stehen junge Männer mit Maschinengewehren und neonfarbenen Warnwesten. Schlagbaum ist eines der Worte, die aus dem Deutschen in die russische Sprache übernommen wurden. Nachvollziehbar – einen schöneren Begriff dafür soll erst mal einer finden. Wir sind zu viert, der Fahrer, Fotograf Gulliver, unser russischer Begleiter Wladimir Sewrinowsky und ich. Aber nur drei von uns dürfen den Grenzposten passieren, weil man entweder Einheimischer sein muss oder eine Sondergenehmigung braucht, um diesen Teil von Inguschetien zu besuchen. Da mein Russland-Visum in letzter Minute bewilligt wurde, konnte ich mich erst spät für die Genehmigung bewerben, und sie konnte nicht mehr rechtzeitig ausgestellt werden.

Wir sagen dem Neonwesten-Grenzposten, dass ich hier aussteige, der Fahrer die beiden anderen in ein Hotel bringt und mich im Anschluss daran wieder abholt, um nach Wladikawkas zu fahren.

Kein guter Plan. »Das ist schon Grenzgebiet, Sie sind illegal hier«, verkündet der Soldat, obwohl der Schlagbaum noch vor uns ist. Wladimir flucht, er hatte nicht dran gedacht, dass es besser gewesen wäre, mich etwas früher abzusetzen. Wir müssen aussteigen. »Jetzt starten sie die Bürokratie-Maschine«, seufzt er. Zunächst muss der ranghöhere Grenzbeamte aus dem Feierabend telefoniert werden, um sich des Falles anzunehmen.

Er kommt nach 20 Minuten in einem Toyota mit verdunkelten Scheiben, ein mürrischer Hüne mit Proteinpräparat-Werbung auf der Brust, Silberkette am Hals und Sonnenbrand im Nacken. Mitarbeiter schließen MSI-Laptop und HP-Drucker an, beide nicht das neueste Modell, und bringen einen Klappstuhl für ihn und einen Holzhocker für mich. Das Interieur des quadratischen Zimmers besteht aus einer Klimaanlage, einem roten Alarmknopf neben der Tür und ein paar Kabeln, die wie Infusionsschläuche von der Wand hängen. Holzvertäfelte Wände, Parkettboden, drei ungerahmte Bergfotos als einzige Deko.

Der Mann mit Silberkette beugt sich über den Rechner, beim Tippen verwendet er nur die speckigen Mittelfinger und deutlich mehr Kraft als nötig. Name? Tipptipp tipptipp. Adresse? Tipptipp tipptipp. Studienort? Tipptipptipp. Über einen schwarzen Telefonhörer gibt er die beiden Vornamen aus meinem Reisepass an die Zentrale weiter. »Slusche! Hör zu! Schtefan. Schte-FAN. Mi-chail. Mi Mi MI! Mi-chail!« Er knallt den Hörer hin. Tipptipp tipptipp. Was wir überhaupt hier zu suchen hätten? Wladimir sagt wahrheitsgemäß, er sei Journalist und Fremdenführer und zeige uns die Region.

Eine halbe Stunde später kommt der nächste Vorgesetzte dazu und schüttelt reihum Hände. Er ist um die fünfzig, hat sauber gescheitelte Haare und stechende Augen und die ganze Zeit einen Zahnstocher im Mund, den er bedrohlich direkt auf sein Gegenüber richten kann, zwischendurch aber auch mal deeskalierend im Mundwinkel verstaut. Beim Casting für den nächsten James-Bond-Bösewicht käme er locker in die engere Auswahl. Auch er will wissen, was wir hier machen. Und was ich für Bücher schreibe, man habe uns inzwischen gegoogelt.

Der nächste Gesprächspartner ist ein junger Kerl vom Inlandsgeheimdienst FSB, dessen Bizepsumfang in etwa dem Kopfumfang entspricht und der wie ein russischer Fabian Hambüchen aussieht. Er bringt uns eine Holztreppe höher in einen anderen Raum, der genauso geschnitten ist wie der darunterliegende, aber statt Bergpanoramen hängen hier Fotos von Soldaten mit Waffen und aggressiven Hunden an der Wand. Wie um zu signalisieren: Jetzt wird's ernst!

Noch einmal alle Personalien. Wurden Sie für ein Verbrechen verurteilt? Waren Sie in Afghanistan, Syrien oder Irak? Kann ich einmal die E-Mails in Ihrem Handy sehen? Ich antworte dreimal mit Nein, er macht Notizen in einer schwarzen Lederkladde. Die letzte von mehreren Dutzend Fragen lautet: Wie ist Deutschland? Gut, sage ich, dann darf ich wieder runter.

Dort läuft nun der Drucker heiß, spuckt Dutzende klein bedruckte Dokumente aus, die ich alle unterschreiben soll, ich zähle 19 Unterschriften. Kenntnis genommen, Sachverhalt wurde beschrieben, Landkarte wurde vorgelegt, persönliche Daten stimmen, Gespräche wurden übersetzt, Verwarnung akzeptiert, gestehe illegalen Grenzübertritt. Und so weiter, vermutlich steht irgendwo im Kleingedruckten auch noch, dass ich hiermit meine Seele dem Zahnstochermann überantworte. »Schreib«, brummt der Beamte, als ich mit einer Signatur zögere, und knallt die Faust aufs Papier. Auf die Frage, ob ich Kopien bekomme, sagt er nur: »Dafür können Sie in der Hauptstadt Magas einen schriftlichen Antrag stellen.« Die umstehenden Grenzsoldaten lachen.

Immerhin muss ich keine »Schtraf« zahlen, auch dies ist ein russisches Wort, das dem Deutschen entlehnt wurde. Das letzte Wort hat der Mann mit der Silberkette: »Wenn Sie über die letzten drei Stunden in einem Ihrer Bücher schreiben, dürfen Sie nie wieder nach Russland einreisen«, sagt er zum Abschied. ■

↻ Wir treffen auf Einheimische, die uns spontan
auf ein paar Chacha-Rachenputzer einladen. Dazu gibt
es Tomaten, Fladenbrot und Lammfleisch, das direkt
aus einem riesigen Topf über dem Lagerfeuer kommt.

↪ Häufig sehen wir auf der Reise Lastwagen mit deutscher Aufschrift. Was bei uns ausrangiert wird, fährt im Nordkaukasus noch für ein paar Jahre weiter. Allgegenwärtig sind auch die Wachtürme in Grenzregionen, wie hier in Dscheirach.

DARGAWS

NORDOSSETIEN

← In den Gräbern von Dargaws kann man durch Öffnungen auf die Gebeine der Toten blicken. Bis heute hält sich die Legende, dass diejenigen, die hierherkommen, den Ort nie wieder verlassen werden (uns ist es allerdings gelungen). Dementsprechend trifft man hier wenige Einheimische an.

JEDER GEGEN JEDEN

>>> Auf einer wackligen Fahrt über die Schotterpisten von Nordossetien versucht der Journalist Wladimir, die komplexen Probleme des Nordkaukasus in 20 Minuten zu erklären. »Jede Nation hier hat Konflikte mit der Nachbarregion: Tschetschenen und Inguscheten, Inguscheten und Osseten, Osseten und Georgier, Kabardiner und Balkaren. Alle wollen ihren Anspruch auf Land legitimieren«, sagt der Moskauer Journalist. Er ist Anfang 40, lebt seit vier Jahren im Kaukasus und hat kürzlich ein Buch über Kunsthandwerk in Dagestan veröffentlicht. Wir kennen ihn von einer vorherigen Reise, nun hilft er uns bei der Suche nach interessanten Orten.

Er berichtet von den Alanen, einem persischstämmigen Nomadenvolk, das schon vor knapp 2000 Jahren im nördlichen Kaukasus siedelte. Heute ist ein Streit darüber entbrannt, wer die legitimen Nachfolger sind. Wissenschaftler beschäftigen sich mal mehr und mal weniger unparteiisch mit der Frage, überprüfen Sprachverwandtschaften und regionale Ausbreitungen. Heute gelten die Osseten als wahrscheinlichste Erben. »Aber egal, wen du in dieser Region fragst, sie werden alle dasselbe sagen: *Wir sind die wahren Nachfahren der Alanen, wir sind ein besonderes Volk, wir waren schon immer hier. Die anderen sind okay, aber nicht so gut wie wir.*«

Dieses altbekannte Kulturgerangel kommt auch in Ortsnamen vor: »Vor einigen Jahren hat sich Nordossetien in Nordossetien-Alanien umbenannt, und es gibt viele Menschen und sogar Klöster, die nach Alan benannt wurden. Dann zogen die Inguscheten nach: Sie tauften ihre neue Hauptstadt Margas, das ist der Name der alten Hauptstadt der Alanen, und an ihrem Ortseingang steht nun das ›Alan-Tor‹. Außerdem ist der Vorname ›Alan‹ sehr verbreitet.«

Wladimir findet diese Alanisierung des öffentlichen Raumes amüsant, besonders, seit er eine wissenschaftliche Studie las: »Wenn man den neuesten genetischen Analysen glaubt, die allerdings aus den USA kommen und deshalb von manchen infrage gestellt werden, dann ist in Wahrheit niemand hier mit den Alanen verwandt«, sagt er.

Andere Forschungen beziehen sich auf die Koban-Kultur aus der Eisenzeit. Wäre nicht ein Beweis, Erbe dieser Menschen zu sein, die perfekte Legitimation für die Vorherrschaft in der Region? Und dann lebten hier noch die Bolgaren, Kamyken und Sabiren, wer weiß, wo deren genetisches Material noch fortlebt. Kurz gesagt: Es ist kompliziert, aber neuerdings wieder ein großes Thema. Nach dem Ende der Sowjetunion wurde die Frage nach Identität wichtiger, weil jedes Volk das Recht auf eine eigene (und möglichst heroische) Geschichte einfordert. Würde Moskau nicht mit einiger Härte versuchen, regionale Konflikte kleinzuhalten, etwa indem putinfreundliche Statthalter installiert und Wahlergebnisse frisiert werden, wären Kriege zwischen den Nachbarregionen wahrscheinlich.

»Ich habe mal einen Artikel über die genetische Herkunft der Menschen im Nordkaukasus geschrieben. Das war der einzige Text von mir, den niemand veröffentlichen wollte. Sie hatten zu viel Angst, was das für eine Terz auslösen würde«, sagt Wladimir. Sein Fazit verrät er uns trotzdem: »Vor 200 Jahren existierte keine der Nationen, die heute alle behaupten, die älteste von allen zu sein. Das waren nur Clans. Aber wenn du das den Leuten sagst, werden sie extrem eingeschnappt sein.« ■

← Die Nekropolis von Dargaws in Nordossetien besteht aus 99 Gräbern, die teils noch aus dem 15. oder 16. Jahrhundert stammen. Meist wurden die Leichen ohne Sarg einfach auf einer Art Holzboot aufgebahrt und durch ein Fenster in die Krypta verfrachtet. Man glaubte, dass die Toten auf dem Weg ins Jenseits einen Fluss überqueren mussten. Irgendwie passend zu diesem düsteren Ort, dass ein paar Hundert Meter entfernt eine Stalinbüste in die Bergland- schaft blickt.

↑ Viele Münzen wurden in der Umgebung gefunden, was auf einen alten Brauch zurückgeht: Angehörige warfen eine Münze von einem Berg oder in einen Brunnen, und wenn sie auf einen Stein traf, interpretierten sie das als Zeichen, dass der Tote im Himmel angekommen sei. Manchmal wurden auch noch lebende Pestkranke zum Sterben hergebracht, um sie aus ihren Dörfern zu isolieren. Ihre Verwandten kamen dann regelmäßig zu Besuch, um ihnen an einem langen Stock Nahrung zu überbringen.

Im Gebiet Fiagdon wird gerade eine Kirche restauriert. Anders als seine Nachbarregionen ist Nordossetien überwiegend christlich-orthodox geprägt. Auch heidnische Berggötter werden noch verehrt, Muslime dagegen stellen nur eine Minderheit.

→ Möbel und Inventar wurden sorgfältig in Folie verpackt, um vor Schutt und Farbe geschützt zu sein. Speziell seit der Geiselnahme von Beslan spielt Religion in der Region wieder eine größere Rolle; zu Sowjetzeiten wurde sie unterdrückt.

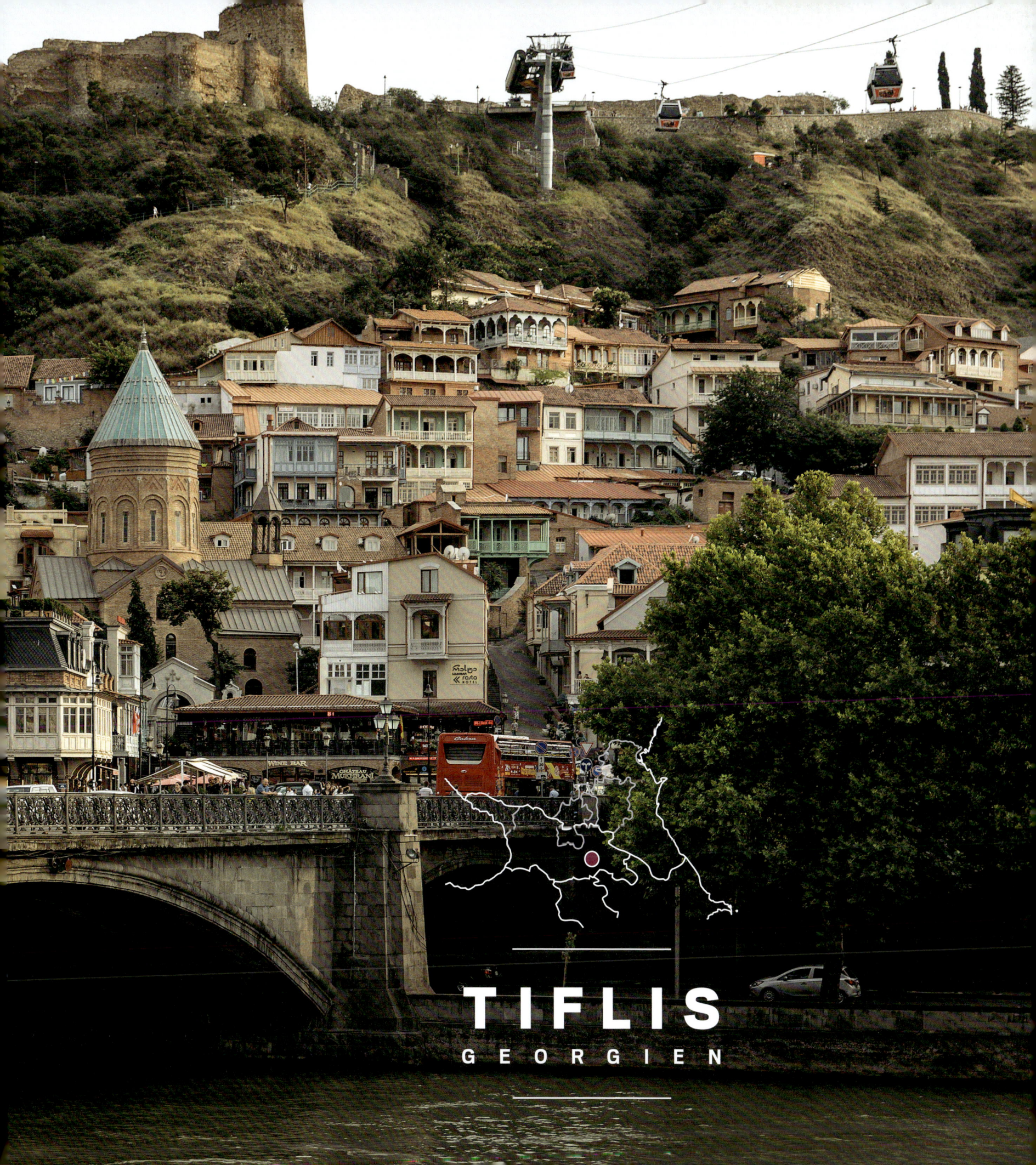

TIFLIS
GEORGIEN

← Im Technoclub Khidi wirken die Tanzenden im Stroboskop-licht wie auf dem Geheimtreffen einer religiösen Verschwörung. Der Innenraum ist so dunkel, dass das Licht gelegentlich aufflammender Feuerzeuge in den Augen schmerzt.

FREIHEIT GEGEN KONTROLLWAHN

Im Khidi gehört maximale Licht-scheue zur Philosophie. Zumindest, wenn es um Licht geht, das nicht zum Konzept des Technoclubs in Tiflis gehört. Am Einlass werden vorsorglich die Blitze der Besucher-Handys mit Aufklebern abgedeckt. Ein Türsteher, dessen Körpersprache nicht auf große Debattierfreudigkeit schließen lässt, ermahnt dazu, das Displaylicht auf die dunkelste Stufe zu stellen.

Im Innenraum bleiben als Störfaktoren nur noch Feuerzeugflammen, Zigarettenglut und das Apple-Logo am Rechner des DJs. Ansonsten lenkt optisch nichts von der Lightshow ab, die im Vierviertakt Stroboskop-Akzente in Rot und Weiß in die Düsternis feuert und damit ähnlich reduziert daherkommt wie der Minimal Techno aus den Boxen. Es ist Freitagnacht, zwei Uhr, Hunderte junge Menschen tanzen sich in den Betonkatakomben am Ufer des Mtkwari den Alltag von den Knochen, immer dem Leuchten und der Musik entgegen.

»Es geht darum, einmal unbeobachtet zu sein, um die Freiheit, sich auszuleben«, hatte Maria gesagt, eine Modedesignerin mit stylischem Kurzhaarschnitt, die wir im Kulturzentrum Fabrika trafen. »Sehr viel in Georgien basiert auf Kontrolle, auf dem, was laut der christlichen Tradition richtig ist und was falsch. Gleichzeitig gibt es Gossip ohne Ende, und jeder kennt jeden um ein paar Ecken. Ich war gerade sechs Jahre in England zum Studium, hier muss ich mich erst wieder daran gewöhnen, wie unfrei man sich im Alltag fühlen kann.«

Die Dringlichkeit, am Wochenende feiern zu gehen, ist eine andere als in New York oder Berlin, wo Freiheiten aller Art auch rund um die Uhr zur Verfügung stehen. Und vielleicht gibt genau das den Partys in Tiflis eine Intensität, wie sie schon verloren gegangen ist an Orten, die Jahre hedonistischer Übersättigung hinter sich haben und längst das Verruchte ins Alltägliche überführt haben.

Szenemagazine und Zeitungen erklären Tiflis neuerdings gerne zum Party-Hotspot. Fast immer wird dabei der Berlin-in-den-Neunzigern-Vergleich bemüht — wegen der sozialistischen Vergangenheit, und weil die angesagten Läden allesamt auf Elektro, House, Dub und Techno setzen. Die Soundsysteme sind hochmodern, die DJs haben internationales Niveau, aber das ist noch nicht die ganze Geschichte. Feiern gehen ist hier auch immer ein bisschen politisch: ein Zeichen dafür, sich ein fortschrittliches Land zu wünschen und mit den Traditionen zu brechen. ■

Die besten Souvenirs der Stadt gibt es auf dem täglichen Flohmarkt auf der »Trockenen Brücke«. Zwischen reichlich Ramsch aus Sowjetzeiten finden sich auch ein paar echte Kunstwerke und Raritäten. Für spontane musikalische Unterhaltung ist ebenfalls gesorgt.

↑ Einer der Verkäufer kennt sich offenbar sehr gut mit unserem Heimatland aus: »Bei euch sind die Männer attraktiver als die Frauen. Weil die deutschen Frauen nicht besonders schön sind, dafür aber sehr streng«, ist er überzeugt.

← Vor jedem Gotteshaus
bekreuzigen sich die Georgier.
Das müssen sie auf einer
Autofahrt ziemlich oft tun –
vermutlich gibt es weltweit
nur in Rom mehr Kirchen pro
Quadratmeter.

→ Schon im 4. Jahrhundert wurde das Christentum zur Staatsreligion erklärt. Heute gehören 84 Prozent der Menschen der Georgischen Orthodoxen Kirche an.

↑ Die 2010 eröffnete Friedensbrücke über den Mtkwari-Fluss sorgte für Streit
in der Stadt. Kritiker hielten die Architektur für einen Stilbruch mit den
Bauten der Altstadt. Nach Fertigstellung gaben sie ihr wegen ihrer geschwungenen
Form den nicht schmeichelhaft gemeinten Spitznamen »Always Ultra«.

↑ Ein paar Jahre vorher wurde mit der Sameba-Kathedrale auf dem Elias-Hügel die größte Kirche Georgiens fertiggestellt. Sie galt auch als Symbol für das Wiedererstarken der Staatsreligion. Dafür fanden auch wir Anhaltspunkte, als wir beim Besuch Zeuge gleich mehrerer Hochzeiten wurden.

↗ Knarren als Schmuck-stücke: Ein Shop auf dem Fabrika-Gelände bietet Anstecker in Waffenform an.

← Ein Sinnbild für den weltlichen Wandel der Stadt ist Fabrika, eine ehemalige Textilfabrik, die nach dem Ende der Sowjetunion 20 Jahre lang verlassen und ungenutzt vor sich hin bröckelte. Heute gehören zu dem Areal ein Backpacker-Hostel, ein Friseur, ein Ramen- und ein Burger-Restaurant und mehrere Kneipen. Architekt Gogidze Sakordilize hat sich hier mit ein paar Freunden einen Traum erfüllt.

Vorbild Berlin

❱❱ »Wir waren in Berlin, mochten es dort, haben Nachforschungen angestellt«, sagt der Architekt Gogidze Sakordilize, der mit ein paar Freunden das Fabrika-Areal pachtete. »Uns gefiel in der deutschen Hauptstadt, dass die Menschen glücklich wirkten, ihrer Kreativität freien Lauf ließen.« Er steht vor einem Modeladen, der neben viel Hipsterzeug auf einem etwas versteckten Ständer auch pastellfarbene Kittel und Jacken anbietet, wie sie hier zu Sowjetzeiten in Masse gefertigt wurden. Der mit Graffiti verzierte Innenhof wäre auch in Kreuzberg oder Mitte sofort ein lauschiger Besuchermagnet. Jedes Wochenende füllt er sich mit jungen Menschen, die einer kurzen, nicht repräsentativen Spontanumfrage zufolge alle entweder Kunst studieren oder Musik machen oder Tattoo-Künstler oder Toningenieure sind.

»Wir hatten so furchtbare Zeiten hier, mit kriminellen Gangs und Korruption. Jetzt ändert es sich, die Menschen wollen die Öffnung«, sagt Sakordilize. »Die junge Generation tickt anders als ihre Eltern.«

An Konfliktpotenzial mangelt es nicht. Eine strikte Null-Toleranz-Drogenpolitik sorgt dafür, dass man genau so viel Ärger für den Besitz von zwei Ecstasy-Pillen bekommen kann wie mit zwei Kilo Kokain im Kofferraum. Bis zu 20 Jahre Gefängnis drohen. Ein veganes Restaurant wurde von Rechtsradikalen überfallen und mit Würsten und Steaks beworfen. Und die schwul-lesbische Szene der Stadt hat so viel Angst vor Angreifern, dass ihre monatliche Party im Bassiano unter Polizeischutz stattfindet. Den Einlassstempel mit der Aufschrift »Come closer« bekommt nur, wer vorab den Veranstaltern sein Facebook-Profil freigibt, damit die es auf etwaige Homophobie-Indizien überprüfen können.

Der Club befindet sich in den Katakomben unter dem altehrwürdigen Dinamo-Fußballstadion. Auch hier kommt nur Techno und Elektro ins DJ-Pult. Auf »It's Raining Men« kann man lange warten, selbst wenn man bis zum Schluss am folgenden Mittag bleibt. Die Stimmung ist ganz anders als im Khidi – triebhafter, ausgelassener, weniger kühl: Ein durch-trainierter Kerl in schwarzer Lederunterwäsche tanzt oben ohne auf einem Podest, Jungs knutschen auf der Tanzfläche, eine Domina in Lederkluft schubst Männer weg und zieht Frauen an sich.

Über der Tür zum Gang hängt ein schwarzes Kreuz, knapp einen Meter hoch. »Natürlich ist das ironisch gemeint, ein Zeichen von Protest«, sagt Gobi, einer der Feiernden. Er trägt schwarzes Netz-hemd und Goldkette. »Wobei ich selber schon religiös bin. Aber steht in den Zehn Geboten irgendwo: ›Habt keinen Spaß‹?« Bevor er mit seiner Red-Bull-Cola wieder in Richtung Tanzfläche davonwippt, verrät er mir noch ein Geheimnis: »Georgische Männer sind große Machos, die gegen Schwule hetzen. Aber in Wirklichkeit sehnen sie sich nur danach, mal was mit einem Mann zu haben.« Dann taucht er wieder ein in die Masse fröhlicher Menschen, die im Betonbunker unter dem Stadion ihre Freiheit feiern. ∎

⬆ In der Gagarin-Straße in Tiflis befindet sich eines
der spektakulärsten erhaltenen Gebäude aus
der Sowjetzeit. Der 1975 fertiggestellte Bau diente
zunächst als Heimat des Straßenbauministeriums,
seit 2007 ist dort die Bank of Georgia untergebracht.

↪ Auch sonst ist ungewöhnliche Architektur ein Marken-
zeichen der Stadt. Zum Beispiel im Rike-Park, wo das
röhrenförmige Konzerthaus des italienischen Architekturbüros
Fuksas steht. Als Nationalsymbol thront die »Mutter Georgiens«
auf dem Sololaki-Gebirgskamm. Sie hält in der einen Hand
ein Schwert und in der anderen einen Kelch Wein, was zwei
Möglichkeiten im Umgang mit Besuchern symbolisieren soll.

↑ Gymnastik am Arbeitsplatz: Dieser Bäcker
arbeitet noch mit traditionellen Mitteln.
Die Brote kleben an der Wand des Feuerofens.

↑ Gymnastik auf dem Fabrika-Dach: Yoga ist bei den jungen Menschen in Tiflis populär. Die Location erlaubt einen tollen Blick auf die Stadt im Abendlicht.

GERGETI

GEORGIEN

↪ Die Kirche genießt von allen öffentlichen Institutionen im Land die größte Vertrauenswürdigkeit. In einer Umfrage im Jahr 2013 gaben 95 Prozent der Teilnehmer an, ihre geistliche und seelsorgerische Arbeit positiv zu bewerten.

↪ Auf Touristen sind Georgiens Kirchen eingestellt. Ringsum verkaufen Souvenirverkäufer ihre Waren, und wer will, kann sich in der traditionellen Schaffelltracht der Bergbauern fotografieren lassen. Ein beliebter Snack sind die allgegenwärtigen Tschurtschchela-Stangen, dabei handelt es sich um Walnüsse oder Haselnüsse, die mit Traubensaft-Kuvertüre überzogen sind.

↑ In Gergeti fährt uns Sergej in einem 15 Jahre alten Lada Niva zur berühmtesten Kirche des Landes. In rasantem Tempo geht es über eine Schotterpiste bergauf, Fahrzeug und Sitze werden immer heftig durchgeschüttelt. »Das ist georgische Massage!«, witzelt der Fahrer.

↑ Die Dreifaltigkeitskirche von Gergeti steht im Schatten des 5033 Meter hohen Kasbek. Täglich bringen Dutzende weiße Vans Touristen auf der wackligen Schotterpiste nach oben. Leider bleiben die Berggipfel ringsum zumindest an diesem Tag im Nebel versteckt.

Falsch abgebogen

❱❱ Umwege erhöhen die Ortskenntnis. Zum Beispiel in Juta im Norden Georgiens, wo wir bei diesigem Nebelwetter einem in die falsche Richtung zeigenden Schild mit der Aufschrift »Fifth Season Hostel 1000 m« folgen. An einem Fluss entlang entfernen wir uns immer weiter von der Ortschaft, begegnen Kuhhirten im Teenageralter auf ungesattelten Pferden – und einem deutschen Motorradfahrer. Jens aus Leipzig, unterwegs mit einer Africa-Twin-Maschine, baut gerade sein Zelt auf. Alte Backpacker-Regel: Wenn du dich besonders bemühst, wirklich alle Touristenpfade zu verlassen, triffst du ganz am Ende immer noch einen Deutschen.

Das 1000-Meter-Schild verliert immer mehr an Glaubwürdigkeit, nach mindestens drei Kilometern taucht noch immer kein Hostel auf. Statt eines weiteren Wegweisers finden wir ein Blechschild mit der Aufschrift »Passport Control«, das zu einem Militärposten aus Containern gehört. Fünf Männer in Camouflage-Hosen und Fleecepullis begrüßen uns so überrascht, dass sie fast vergessen, professionell unfreundlich zu sein. »Kuda vui idiotje?« – »Wo gehen Sie hin?«, fragen sie auf Russisch.

Alte Backpacker-Regel Nummer zwei: Wer der Dumme ist, hat den Vorteil, sich nicht dumm stellen zu müssen. Ich frage also nach dem »Fifth Sea-son Hostel«, das doch hier in der Nähe sein müsse. Der Name scheint ihnen bekannt zu sein. Sie weisen dahin, wo wir hergekommen sind. Hier jedenfalls geht es nicht weiter, später sehen wir, dass die Grenze zu Inguschetien laut Karte nur noch zwei Kilometer entfernt ist.

Backpacker-Regel Nummer drei: Um ein gemeinsames Erinnerungsfoto bitten geht immer (speziell nachdem Regel zwei etabliert ist). Der Soldat wehrt ab, keine Fotos von Militäranlagen. Aber von uns könne er eins machen, sagt er, und drapiert uns neben zwei unmotivierte Pferde. Er drückt dreimal auf den Auslöser, dann laufen wir den ganzen Weg zurück. ■

↖ Mitten in herrlicher Natur steht plötzlich ein Schild, das auf eine Passkontrolle hinweist.

➜ Dieser müde Hirtenhund scheint einer der friedlicheren seiner Art zu sein. Manchmal können die Tiere sehr aggressiv auftreten, wenn man ihnen zu nahe kommt.

↑ Karaman Kutateladze hat 60 Kilometer nordwestlich
von Tiflis eine alte Villa zum Refugium für Künstler hergerichtet.
Sie können sich hier für Unterkünfte und Ateliers bewerben
oder sich im Rahmen einer Sommerakademie weiterbilden.

↑ Ein bisschen finanzielle Unterstützung kommt für ein jährliches Sommerfestival von der Regierung. Ansonsten sind die Verhältnisse hier bescheiden. »Nur drei Millionen Menschen leben in Georgien, wir haben quasi keinen Kunstmarkt«, sagt Kutateladze.

DUISI

GEORGIEN

FRAUEN GEGEN MÄNNER

>>> Seit Tamar Margoschwili im Bürgermeisterbüro von Duisi sitzt, tut sich was in der Region. Straßen und Strommasten wurden repariert, Gaszugänge gelegt, Verkehrswarnschilder vor Schulen aufgestellt, die Kanalisation verbessert. Es tut sich so viel, dass sogar die konservativen Kritiker verstummt sind, die anfangs sehr aufgebracht waren.

Margoschwilis Berufung im September 2015 war eine Sensation, ein lokaler Skandal und zugleich eigentlich ein logischer Schritt: Kein anderer Kandidat hatte den Test in der Bezirkshauptstadt Achmeta bestanden, der auf das Amt vorbereitet. »Der Ältestenrat im Ort war dagegen, monatelang musste ich kämpfen. Dabei bin ich sicher nicht schlechter dafür geeignet als die Männer«, sagt Margoschwili, 58. Sie ist die erste weibliche Bürgermeisterin im Pankisi-Tal im bergigen Nordosten Georgiens.

In Pankisi, ausgerechnet! Die 17 dazugehörigen Dörfer sind Heimat der muslimischen Kisten, einer mit den Tschetschenen verwandten Mini-Ethnie, und gelten als Georgiens Brutstätte für islamistischen Terror. Der bekannteste IS-Kämpfer des gesamten Kaukasus stammte von hier, Tarkhan Batiraschwili, ein Mann mit auffälligem rotem Vollbart. In der georgischen Armee brachte er es bis zum Sergeant, musste dann aber wegen Tuberkulose ausscheiden und wurde nicht wieder aufgenommen. Wegen illegalen Waffenbesitzes wurde er später zu drei Jahren Gefängnis verurteilt, nach der Freilassung reiste er nach Syrien zum IS und legte sich den Kampfnamen Omar al-Schischani zu. In kürzester Zeit stieg »Omar, der Tschetschene« in die Führungsriege der Terrororganisation auf. Er war berüchtigt als Kom-

mandeur besonders skrupelloser Einheiten, bis er im Juli 2016 getötet wurde.

Viele weitere Männer aus dem armutsgeplagten Pankisi-Tal, die zu Hause keine Perspektiven sahen, folgten al-Schischani in den heiligen Krieg. Lieber ehrenvoll im Dschihad sterben als im Kaukasus in Armut leben. Bis heute kursieren Gerüchte über ein IS-Trainingscamp auch in den umliegenden Bergen, doch Beweise dafür fehlen.

Den Wahhabiten, wie muslimische Extremisten aller Couleur hier zusammenfassend genannt werden, hat Bürgermeisterin Margoschwili den Kampf angesagt. »So lange ich hier bin, wird sich der Radikalismus nicht verstärken«, versprach sie kurz nach Amtsantritt.

Duisi, wenige Tausend Einwohner, ist ein unscheinbarer Talort mit bröckligen Fassaden und hohen Mauern um die einstöckigen Häuser. Shops bieten Kopftücher, Fake-Designer-Handtaschen und »digitale Gebetsketten« an (im Format einer kleinen Uhr aus Plastik, mit Druckknopf und Digitalanzeige), die mit einem Band am Finger fixiert werden. Touristisch spielte das Tal nie eine Rolle, als Terrorkeimzelle gilt es, seit in den Neunzigern viele Flüchtlinge aus den beiden Tschetschenien-Kriegen herkamen, unter ihnen einige Extremisten und Kriminelle. Russland kritisierte Georgien damals dafür, islamistischen Kriegern einen Unterschlupf zu gewähren.

In einem Innenhof sitzt Margoschwili mit ein paar Freundinnen und rollt mit großem Geschick Teigscheiben und Lammhack zu Khinkali-Teigtaschen zusammen. Morgen werden Gäste für eine Zikr-Zeremonie erwartet. Auf den ersten Blick wirkt Margoschwili in ihrem perlbestickten Blu-

menkleid wie die pausbäckig-rundliche Lieblingsoma aus dem Dorf, doch in ihrer Stimme klingt eine Schärfe und Autorität mit, die von Siegen in Tausenden Wortgefechten kündet.

Nur Frauen sind hier anwesend, Geschlechtertrennung ist noch sehr üblich im patriarchalischen Pankisi. Jeder hat seine Bereiche und Aufgaben. Weiterhin werden Ehen häufig von den Eltern arrangiert, selbst die archaischen Frauenentführungen kommen noch vor – der Mann nimmt die Auserwählte einfach mit nach Hause, und weil sie andernfalls ihre Ehre verliert, muss sie ihren Vergewaltiger heiraten.

Am Herd oder in der Kindererziehung sei sie besser aufgehoben als in der Politik, musste sich Margoschwili vor ihrem Amtsantritt anhören. »Dabei hat mein Vorgänger hier nichts auf die Reihe bekommen«, sagt sie. »Frauen machen sowieso fast alles, die Männer verbringen viel Zeit mit Spielen und Trinken. Ich will Arbeitsplätze für Frauen schaffen, denn es wäre besser, wenn sie nicht von dem Geld abhängig sind, das manchmal der Mann nach Hause bringt.« Was können Frauen besser als Männer, frage ich sie. »Alles«, antwortet die ehemalige Kindergärtnerin und Lehrerin und lacht.

Eine populäre Innovation hat sie in diesem Jahr beschlossen: einen neuen Feiertag im Juli, der nur im Pankisi-Tal gilt. Mit Pferderennen, Hundekämpfen und einem großen Basar mit lokalen Produkten. Wenn es den Menschen dort besser geht, so die Hoffnung dahinter, dann haben die Extremisten weniger Lockmittel. »Es wird noch Jahre dauern, bis wir unseren Ruf verbessert haben«, weiß Margoschwili. »Wären wir Christen und nicht Muslime, ginge das schneller.« ■

→ Tamar Margoschwili ist die erste weibliche »Gamgebeli« (Bürgermeisterin) im Pankisi-Tal. »Frauen machen bessere Politik als Männer«, sagt sie.

↑ Duisi ist von großer Armut geplagt, erst in jüngster Zeit hat sich die Infrastruktur ein wenig verbessert. Das Pankisi-Tal gilt als eine von vielen »Unsicherheitsregionen« im Kaukasus.

↑ Abends treffen sich junge Männer am Ortsrand
zum Dominospiel in idyllischer Umgebung
nicht weit vom Fluss. Sie unterhalten sich dabei
auf Tschetschenisch, nicht auf Georgisch.

↻ Obst und Käse kommen tatsächlich aus der Umgebung, andere Waren dagegen sind neu: Eine clevere Unternehmerin stellt Schaffell-Mützen im Stil der Hunderte Kilometer entfernten Region Swanetien her, ein Shop bietet »Gebets-ketten« mit Digitalanzeige an.

↪ Lokale Produkte stehen hoch im Kurs. Kleine Shops verkaufen außerdem lange Kleider und Schleier für Frauen und Bartpflegeprodukte für Männer. Die Häuser sind eher zweckmäßig als schön. Trotz der Unterstützung durch Hilfsorganisationen ist Arbeitslosigkeit weiterhin ein großes Problem.

← Kameta floh 1994, zu Beginn des ersten Tschetschenien-Krieges, über die russische Grenze nach Georgien. Im Pankisi-Tal fand sie in einer Notunterkunft ein neues Zuhause. Heute engagiert sie sich selbst für Flüchtlinge, organisiert Weiterbildungskurse, in denen Frauen Englisch, Kochen, Häkeln und den Umgang mit Computern lernen. Ihre Tochter Issa (links) studiert Internationale Beziehungen in Tiflis.

↑ Beliebt für ein abendliches Bad ist der Alasani, der sich zwischen malerischen Bergketten durchs gesamte Pankisi-Tal schlängelt. In dem ausgelassenen Treiben deutet wenig darauf hin, welche Schwierig-keiten die Region belasten: Der Mangel an Perspektiven macht speziell viele junge Männer empfänglich für radikal-islamische Lehren.

↑ Etwa 7000 Menschen leben im Pankisi-Tal.
Manche Georgier trauen sich nicht hierher,
weil die Region als Brutstätte des Terrorismus
gilt. Bürgermeisterin Margoschwili versucht nun,
etwas gegen Armut und Arbeitslosigkeit zu tun.

TUSCHETIEN

GEORGIEN

← Waffen und dazugehörige Patronen sind in den Bergen Tuschetiens ein alltäglicherer Anblick als anderswo. Manchmal wird man gleich mit »Salutschüssen« begrüßt.

MANN GEGEN FRAU

>>> Die ersten Zweifel an der Problemlösekompetenz unseres Teams kommen uns an Kilometer 51 der »Straße des Todes«. Zwei Warnleuchten am lilafarbenen Allrad-Pickup von Mitsubishi melden »zu wenig Öl« und »Motor überhitzt«. Das Team, das sind der Fahrer Melito, 23, der Pferdeexperte Vacho, 31, die Touristenführerin Devi, 47, und die beiden deutschen Reisenden.

Melito stoppt den Wagen, dreht die Heizung auf höchste Leistung und gibt dann immer wieder Gas im Leerlauf, um den Motor aufheulen zu lassen. Die Idee dahinter ist wohl, über die Heizung die Getriebehitze in den Innenraum abzuleiten — eine Theorie, die in Automechanikerkreisen zumindest umstritten sein dürfte. Zumal das Auto ein recht neues Modell ist, etwa drei oder vier Jahre alt.

Die »Straße des Todes« führt in die Bergregion Tuschetien, ist 72 Kilometer lang und dauert gewöhnlich vier Fahrtstunden. Wer 72 durch vier teilen kann und sich ein wenig mit Bergstraßen auskennt, ahnt, was die Eckdaten in Zusammenhang mit dem irritierenden Spitznamen bedeuten. Über teils haarsträubend enge Serpentinen führt der Schotterweg in die Bergwelt von Tuschetien. Zahlreiche Gedenktafeln weisen auf diejenigen hin, die an der meist ungesicherten Talseite abgestürzt sind.

Nachdem 20 Minuten Heizung und Gasgeben keinerlei Eindruck auf die Warnlichter machen, entschließt sich Melito weiterzufahren. Immer wieder bitten wir ihn, für Fotos zu stoppen, so spektakulär sind die gras- und spinatgrün überwucherten Berghänge und tiefen Abgründe ringsum.

Die häufigen Stopps wiederum scheinen Vacho zu verärgern, einen grobschlächtigen, kräftig gebauten Kerl, der uns zwar anfangs im Ausgangsort eine Stunde warten ließ, weil er noch Banksachen erledigen musste, sich nun aber in seiner Autorität als Reiseleiter beeinträchtigt sieht. Was für unfreiwillige Komik sorgt, weil er gar nicht der Reiseleiter ist. Wenn es so jemanden gibt in unserer Fünfergruppe, ist das Devi, eine energiegeladene Freidenkerin mit indonesischem Vater und deutscher Mutter. 2011 wanderte sie nach Georgien aus und organisiert nun Touren abseits ausgetretener Pfade im Norden Georgiens. Vacho ist ihr Partner für diese touristischen Unternehmungen. Zwar spricht sie Georgisch und Tschetschenisch, doch ohne ihn hätte sie als Frau wenig Zugang zu den Einheimischen in den Dörfern. Vacho ist auch ihr Ex-Partner im Privaten, was das Ganze nicht unkomplizierter macht, als es sowieso schon ist: Eine selbstbewusste Frau organisiert die Reisen, bringt dank ihrer Website auf Deutsch und Englisch Kunden aus Westeuropa her, und er hilft bei Logistik und Organisation vor Ort und zäumt die Pferde auf. In einer Gegend, in der noch sehr traditionelle Männer- und Frauenrollen üblich sind, empfindet er das als tägliche Demütigung. Zumal die beiden sich nicht einig sind, was die Ausrichtung ihres Unternehmens angeht: Er will größere Touristengruppen und Reisen zu den populärsten Highlights, sie will Kleingruppen und echte Abenteuer.

Als wir nachmittags Vachos Heimat erreichen, das winzige Bergdorf Bochorma, ist er schlecht gelaunt, weil wir etwas spät dran sind und nicht mehr viel Zeit bleibt, um die Lastpferde bereit zu machen. Wir wollen noch vor der Dämmerung zu einem Schäfer im Gebirge wandern, um dort zu übernachten.

Vacho hat nun drei Möglichkeiten: Erstens könnte er sich unverzüglich an die Arbeit machen, dann würden wir die Wegstrecke noch problemlos schaffen. Zweitens könnte er mit uns einen Alternativplan diskutieren, immerhin zahlen wir ihm ja Geld für seine Hilfe. Drittens könnte er schmollen und sich mit den Kuhhirten aus dem Dorf betrinken. Er wählt Variante drei. »Ich kann da jetzt als Frau unmöglich hingehen und einen Streit anfangen, das wäre ein Affront und bringt gar nichts«, sagt Devi frustriert.

Wir bringen unsere Sachen aus dem Auto in Vachos einfaches Haus. Bröcklig verputzte Steinwände, Holzveranda mit Talblick, haarsträubende Elektroinstallationen. Und eine Küche, deren Wände fast komplett mit Postern aus Magazinen bedeckt sind. Hauptsächlich verführerische Pin-up-Mädchen, dazwischen aber auch weichgezeichnete Porträts von Ricky Martin und Brad Pitt, ein Titanic-Filmplakat und ein Jesusbildnis.

Der wütende Vacho kommt zunächst nicht zurück, und Devi beschließt, dass uns nichts übrig bleibt, als hier zu übernachten. Sie beginnt, zwischen Leonardo DiCaprio und Mila Kunis auf einer Gasherdplatte Hühnchen und Reis zu kochen.

Den Hausherrn sehen wir erst zwei Stunden später wieder. Er motzt, dass für ihn nichts gekocht wurde, schleudert mehrmals eine Kaffeekanne aus Metall auf den Boden, kriegt sie aber nicht kaputt. Devi beschwichtigt, Vacho schimpft, so geht das mit Unterbrechungen den ganzen Abend. Er droht, alle ihre Sachen zu verbrennen, die noch im Haus seiner Eltern im Tal untergebracht sind. Sie sagt, er zeige mit seinem Verhalten, dass er kein richtiger Mann sei, versucht aber dann wieder, ihn zu beruhigen.

»Mein Charakter ist zu stark für ihn«, sagt sie später, als wir unsere Schlafsäcke in einem einfachen Zimmer ausbreiten und vorsorglich die Tür von innen verriegeln. »Er weiß genau, dass ich die Leute herbringe, nicht er. Eigentlich ein schlauer Kerl, ich habe den mal geliebt, wir haben uns auf einer Schaffarm kennengelernt. Vielleicht beruhigt er sich ja bis morgen.« ■

↪ Von Gleichberechtigung kann in den traditionellen Dörfern von Tuschetien keine Rede sein. Frauen dürfen kein Bier brauen und zahlreiche heilige Plätze nicht betreten. Der Dorfplatz im unteren Bild beispielsweise ist für sie tabu – nur Männer, Tiere und Mädchen vor der Pubertät dürfen ihn auf direktem Weg überqueren.

→ Manchmal machen Wegweiser auf die Verbote aufmerksam. Obwohl offiziell das Christentum eine wichtige Rolle in Tuschetien spielt, haben sich viele heidnische Bräuche erhalten.

↑ Die 16-jährige Mari geht im Talort Alvani zur Schule,
Lieblingsfach Englisch, große Abneigung gegen Mathe.
Im Sommer hilft sie im Dorf Beghala aus, wo ihre
Mutter einige Zimmer für Besucher vermietet.
»Das ist hier der schönste Ort in den Bergen«, findet sie.

↗ Die Wanddeko in der Küche erinnert an ein Teenager-
zimmer. In den Bergregionen des Kaukasus herrscht
eine Macho-Kultur, als deren Legitimation gerne
Klischeesätze wie »Unsere Vorfahren haben das so
gemacht, es ist richtig so« bemüht werden.

Fladenbrot und Schlagstock

Vacho beruhigt sich nicht. Am nächsten Morgen schmeißt er uns raus, begleitet von allerlei Verwünschungen in Tusch-Sprache. Wir tun uns weiterhin schwer, seine Wut nachzuvollziehen, packen aber trotzdem unsere Sachen und marschieren mit Devi los.

Bei sengender Hitze geht es mit schwerem Gepäck durch traumhafte Berglandschaften. Vögel zwitschern, Bäche plätschern, und ständig ruft ein wütender Vacho auf Devis Handy an und schimpft und schimpft. »Der muss doch in Behandlung«, sagt sie in einer der Sprechpausen.

Nach einer Stunde erreichen wir den Nachbarort Beghala, der aus einem Gästehaus und zehn Hütten besteht. Hier erleben wir wieder die normalerweise übliche georgische Gastfreundlichkeit: Eine ältere Dame bereitet ein Spitzenfrühstück aus Schafskäse, Fladenbrot und Grünzeug zu. Ihre aufgeweckte Enkelin Mari, 16 Jahre alt, serviert die Köstlichkeiten an einem Holztisch im Garten. Ohne das ständige Handybimmeln könnte alles so schön sein. Irgendwann wird es mir zu bunt und ich antworte auf Englisch. Ich frage ganz ruhig, was er will, was das soll, was er sich bei seinem Verhalten denkt. Von Devi weiß ich, dass er das versteht, aber er schimpft einfach weiter und legt schließlich auf.

Eine halbe Stunde später steht Vacho vor uns im Garten, mit Wut in den Augen und einem etwa einen Meter langen Holzstock in der Hand. Unsere Gastgeberin prescht auf ihn zu, nimmt den Stock weg, er guckt verdutzt. Doch auch mit den Fäusten wäre er vermutlich noch stärker und kampferfahrener als die beiden deutschen Großstadtmänner zusammen. Wir sehen, wie es in ihm arbeitet, als er über den nächsten Schritt nachdenkt. Devi beschwichtigt, Vacho schimpft. Wir bemerken erst jetzt, dass er zusammen mit einem Freund gekommen ist. Der stößt nun dazu, legt den Arm um seine Schultern und führt ihn ins Gästehaus. Männergespräche und eine Flasche Wodka sollen den Wüterich zähmen — was tatsächlich zu gelingen scheint! Nach einer halben Stunde kommt der Freund und überbringt uns die Nachricht, Vacho wolle sich für sein Verhalten entschuldigen und sei jetzt bereit, mit uns weiterzureisen.

Wir lehnen entschieden ab. Mit dieser Zeitbombe auf zwei Beinen noch einmal in einem Auto zu sitzen, erscheint uns nicht ratsam.

Schließlich rauschen Vacho und der Freund mit ihrem Pick-up davon. Devi macht ein paar Anrufe, um einen neuen Fahrer zu organisieren. Als der eine Stunde später eintrifft, überreicht mir die Herbergsbetreiberin zum Abschied fast feierlich den Stock. »Hier. Den brauchst du vielleicht noch«, sagt sie. ∎

In einem winzigen Dorf werden wir spontan in eine Männerrunde eingeladen, die sich mit Cognac und lautem Gesang den Nachmittag vertreibt. Uns zu Ehren wird gleich noch eine Riesenflinte, Baujahr 1944, abgefeuert.

↻ Eine der Frauen des Ortes unterbricht plötzlich das gemütliche Zusammensein: »Ihr sollt Bier brauen, was sitzt ihr hier rum?« Doch keiner hört auf sie, die rostigen Kessel köcheln weiter unbeaufsichtigt vor sich hin.

↑ Schon im Sommer leben die Dorfbewohner in
relativer Abgeschiedenheit von der Außenwelt.
Bevor jedoch im Winter die Zugangsstraßen schwer
passierbar werden, ziehen viele zeitweise ins Tal um.

→ In Bochorna treffen wir Irakli Khvedaguridze. Der 76-Jährige ist der einzige permanent hier lebende Einwohner, nur durch seine Anwesenheit kam das Dorf auf 2345 Meter Höhe zum Titel »höchstgelegene bewohnte Siedlung Europas«. Er ist Arzt und hält jeden Winter in dem winzigen Dorf aus, um in Notfällen helfen zu können. Auf selbst gebauten Skiern besucht er dann seine Patienten. Mit der Einsamkeit kommt er gut zurecht: »Ich lese, höre Radio, repariere etwas.« 900 Lari bekommt der Rentner für seine Arbeit im Monat, das sind 316 Euro.

TSCHETSCHENIEN

RUSSLAND

← In traditioneller Tracht
präsentiert sich der aktuelle
Machthaber Ramsan Kadyrow
auf einem Gemälde im
Kadyrow-Museum in Grosny.

HERRSCHER GEGEN VOLK

>>> Im Zentrum von Grosny befinden sich eine riesige Moschee namens Kadyrow, ein Werbeposter für Bartpflege und eine Gedenkstätte für Terroropfer, und damit ist schon vieles über Tschetschenien gesagt. Auf dem höchsten von vier dubaiesk anmutenden Vorzeigewolkenkratzern fließen zehn Meter hohe Leuchtbuchstaben vom ersten in den vierzigsten Stock und verkünden Dinge wie: »Wir lieben Grosny«, »Ehre dem Propheten Mohammed«, »Ramsan, Danke für Grosny!« Gemeint ist Ramsan Kadyrow, der aktuelle Republikpräsident.

Am Denkmal für Terroropfer stehen in Goldschrift auf schwarzem Granit Hunderte Namen und Hunderte Todesdaten. Die meisten liegen zwischen 2000 und 2009, in der Zeit der beiden Tschetschenien-Kriege. Seither hat sich die Lage beruhigt, zumindest relativ: Zwei bis drei Terroranschläge im Jahr sind weiterhin Normalität. Zuletzt haben sie einen Armeeposten angegriffen, um an Waffen zu kommen, und zwei Soldaten getötet.

Mehr Aufmerksamkeit in westlichen Medien erhält der putintreue Republikpräsident Kadyrow, ein brutaler Autokrat, der via Instagram mal mit kulleräugigen Haustieren und mal mit schweren Waffen posiert. Letzteres passt entschieden besser zu seinem Führungsstil. Er unterhält eine 20.000 Mann starke Privatarmee und sorgt mit eiserner Hand für Ordnung. Die Scharia hält er eher für maßgeblich als russische Gesetze. Menschenrechtsaktivisten und Journalisten wurden massiv eingeschüchtert, nachdem sie über Folter, Auftragsmorde und die Verfolgung Homosexueller berichteten. Kadyrow weist alle Vorwürfe zurück, nicht immer mit überzeugenden Argumenten: Einmal behauptete er gar, Homosexualität existiere in Tschetschenien überhaupt nicht. Obwohl laut Statistiken von Online-Suchmaschinen der Suchbegriff »gay porn« in wenigen Regionen Russlands häufiger eingetippt wird als in Tschetschenien.

»Es begann mit der Festnahme eines Drogenabhängigen«, sagt Wladimir. »Auf seinem Handy fanden sie eindeutige Fotos und Kontaktinformationen. Einige Männer kamen ins Gefängnis, wurden gefoltert. Aber manchmal tötet auch die eigene Familie jemanden, der angeblich ihre Ehre beschmutzt.«

Auch sonst sind die Einheimischen so berüchtigt für ihre Kämpfermentalität und Brutalität, dass sie selbst in einem russischen Kinderlied nicht gut wegkommen. »Schleicht am Strande der Tschetschene, wetzt sein Messer gut«, lautet eine Zeile in *Bajuschki Baju*, einem russischen Wiegenlied.

Allerdings gebe es in den letzten Jahren auch Verbesserungen, sagt Wladimir: Die Zahl der Ehrenmorde sei zurückgegangen, und die unzeitgemäße Tradition, Frauen zwecks Heirat zu entführen, sei auch nicht mehr hoch angesehen. Trotzdem herrsche ein Klima der Angst, das aber auch stark von den Bürgern ausgehe und nicht nur von der Regierung. Wer die strengen Regeln bricht, bekommt Ärger.

Dass ein graubärtiger Geldwechsler am Basar, der sich als Massa vorstellt, kulturelle Parallelen zu unserem Herkunftsland zieht, überrascht dann doch. »Tschetschenen und Deutsche sind sehr ähnlich. Ihr respektiert Menschen«, sagt er. »Und Ehrlichkeit und Disziplin sind wichtig. Wir versuchen nicht, Leute hinters Licht zu führen.« In der Hand hält er ein Bündel druckfrischer 100-Euro-Scheine. Als wir um ein Foto bitten, drücken ihm auch noch umstehende Berufskollegen ihre Geldstapel in die Hand. Zusammengenommen ergibt sich locker der Wert eines neuen Sportwagens, das Geschäft scheint gut zu laufen. Da sitzt also der alte Massa unter den ganzen Banknoten und sagt noch, wo er den größten Unterschied zu Deutschland sieht: »Hier kann man arbeiten wie verrückt, und man verdient immer noch kein Geld. Dann gehen Tschetschenen nach Deutschland und bekommen dort alles von der Regierung geschenkt!« Unseren Hinweis darauf, wie tief im Aktenstapel des Bundesamtes für Migration tschetschenische Asylanträge meist landen, lässt er nicht gelten. ∎

↑ Im Untergeschoss einer Shopping Mall arbeitet Selim Khan am Schießstand. Gerne demonstriert er selber, wie präzise er mit der Kalaschnikow umgehen kann. Er war viele Jahre bei der Armee.

↑ Eine Gedenkstätte mit Namenstafeln erinnert gegenüber der Kadyrow-Moschee an die Terroropfer in Tschetschenien. Die Liste ist erschreckend lang, auch wenn zuletzt die Zahl der Anschläge zurückging.

In der Achmat-Kadyrow-Moschee in Grosny, der größten Russlands mit Platz für 10.000 Besucher, herrscht an einem Freitagmorgen Hochbetrieb. Ein paar Straßen weiter sind hauptsächlich Frauen unterwegs; die Lebenswelten sind klar getrennt.

↑ Religion ist ein wesentlicher Machtfaktor der aktuellen Regierung. Präsident Ramsan Kadyrow gibt sich als streng gläubig und teilte einmal öffentlich mit, die Scharia für maßgeblicher zu halten als russisches Recht.

← Die Moschee verfügt über 62 Meter hohe
Minarette, die Wände sind mit Marmor
von der türkischen Marmara-Insel verkleidet.
Gleich nebenan stehen die Hochhäuser von
»Grosny City«, die nachts in Neonfarben
illuminiert werden.

↑ Ein Souvenirangebot, das wir in Grosny nun wirklich nicht erwartet hätten, gibt es in einem versteckten Kellershop. Der Preis von 80 Euro kommt uns dann aber doch ein wenig übertrieben vor.

Führerkult und Propaganda

❱❱ Noch zwei weitere Begegnungen zeigen, wie groß das Interesse an unserem Heimatland ist. »Wie kommt die Ausbreitung des Islam in Deutschland voran?«, fragt Arbi, ein Fliesenleger, den wir vor der Moschee im Stadtzentrum treffen. Er klingt dabei, als würde er über eine Kolonie im Ausland sprechen. Warum ihn das so sehr interessiert? »Der Islam und Tschetschenien«, das seien die wichtigsten Dinge in seinem Leben, sagt er nur.

Der Betreiber eines düsteren Shops namens Bunker dagegen versucht, uns für 80 Euro »chemisch reines Klosettpapier« mit Wehrmachtlogo zu verkaufen. Original aus dem Zweiten Weltkrieg, »Edelweiß« steht auf der Packung, so lautete der Deckname der deutschen Kaukasus-Militäroperation. »Ich habe hier zwei Originale von *Mein Kampf*. Eins von 1936, eins von 1943«, prahlt der Verkäufer, ein muskulöser Typ in weißem T-Shirt und weißer Baseballkappe. Er holt ein Maschinengewehr 34 aus der Verpackung, ganz vorsichtig, als handelte es sich um eine Stradivari-Geige. »Als sie das fanden, waren sogar noch Patronen drin, man konnte damit schießen.« Das restliche Angebot besteht aus Zigarren und Feuerzeugen aus dem Dritten Reich, Helmen, Flaggen und SS-Ledermänteln. Sämtliche Hakenkreuze wurden unter farbigem Klebeband versteckt. »Nicht berühren« steht über einem Holzregal mit deutschsprachigen Büchern in fleckigen Leineneinbänden mit Titeln wie *Wir fliegen gegen England, Deutschland erwacht* und *Wir erobern die Krim*. Wer zum Teufel kauft in Grosny so was? »Oh, es gibt viele Sammler in Russland«, sagt der Mann.

Wer sich in Tschetschenien für Führerkult interessiert, braucht den Bunkerladen eigentlich nicht. Großformatige Bildnisse der Kadyrow-Herrscher sind so häufig, dass man keine zwei Minuten Auto fahren kann, ohne mehrere davon zu sehen. Der Vater Achmat, der 2004 bei einem Attentat am 9.-Mai-Feiertag getötet wurde, präsentiert sich darauf als weise lächelnder Hirte mit Fellmütze, sein Sohn und Nachfolger Ramsan als adretter Krawattenjüngling. Ironischerweise haben sie durch Kooperation mit Staatspräsident Putin mehr Eigenständigkeit für ihr Volk erreicht, als das in den beiden Unabhängigkeitskriegen gelang. Milliardeninvestitionen und Steuererlässe aus Moskau halfen bei einem Wiederaufbau im Rekordtempo. Grosny, die laut UN-Angaben noch im Jahr 2003 am meisten zerstörte Stadt der Welt, ist nun eine gigantische Neubausiedlung mit schmucken Glasfassaden im Zentrum und herausgeputzten Backsteinhäusern in der Peripherie.

Als Dank für seine Treueschwüre in Richtung Moskau erhält Kadyrow die Freiheit, eine ziemlich Russland-untypische Republik mit einem Mix aus Autokratengewalt und islamischen Grundsätzen zu gestalten. Im Achmat-Kadyrow-Museum hängen riesige Ölgemälde der Herrscher, stolz auf Pferden reitend im traditionellen Burka-Lammfellgewand mit rechteckigen Schulterpartien. Neben vielen Fotos, die die Kadyrows bei wichtigen Events zeigen, gibt es dort auch einen Nachbau des Büros von Achmat Kadyrow. Schwere Ledersessel, Kronleuchter, an der Wand das goldgerahmte Porträt eines sehr jungen Putin. Daneben hängen Landkarten von Tschetschenien und Grosny und eine Uhr, die stillsteht bei 12.35 Uhr, dem Zeitpunkt des tödlichen Schusses im Mai 2004. Nicht weit davon ist der Laptop des ehemaligen Herrschers ausgestellt. Ein klobiges Teil, Typ Toshiba 1800-911, mit dem aufgeklebten Herstellermotto »Choose Freedom«. Die Return-Taste fehlt. Im Park vor dem Museum stehen Panzer, Artilleriegeschütze und eine etwa drei Meter hohe Linde, die laut Beschilderung von Ramsan Kadyrow persönlich als Friedensbaum gepflanzt wurde.

Wir sind an diesem Vormittag die einzigen Museumsgäste. Wenn es nach dem etwa 30-jährigen Unternehmer Mohammad geht, sollen bald deutlich mehr Besucher herkommen. Wir treffen ihn ein paar Blöcke weiter beim Friseur Chop Chop, und er berichtet mit leuchtenden Augen von einem Bauprojekt, an dem er beteiligt ist: »Ein Fünfsternehotel namens Canvas, direkt neben dem Kadyrow-Stadion. Hauptinvestor ist der Prinz von Abu Dhabi.« Die Besonderheit sei ein Mix aus modernem Komfort und jahrhundertealter Windturm-Technik bei der Klimaanlage. »Besonders für arabische Touristen ist Tschetschenien interessant, sie müssen hier nicht so aufpassen wie in Europa, um *halal* zu essen.« Stolz zeigt er Computerentwürfe des Hotels auf seinem Handy: sandfarbene Wände, zehn Stockwerke, Tennisplatz, Springbrunnen, leuchtendes Abendrot im Hintergrund. »Die Leute wissen einfach noch nicht, was diese Region zu bieten hat«, ist er überzeugt.

Auch Wladimir glaubt an das touristische Potenzial, er selbst organisiert Touren zu Seen, Wolkenkratzern und Kulturevents. Derzeit kommen laut offiziellen Angaben etwa 500 russische Besucher pro Wochenende. »Ein Problem ist: Man bekommt keine Reiseversicherung, weil die meisten diplomatischen Vertretungen von einem Besuch abraten. Dabei ist es hier für Touristen sicherer, als alle denken, vielleicht sogar sicherer als in Moskau.« Seine Lieblingsattraktion in Grosny? »Die existiert leider seit ein paar Monaten nicht mehr: ein geheimer Alkoholshop, den man durch die Hintertür in einem ›iPhone Repair‹ erreichte. Unglaubliche Auswahl. Leider wurde der Druck der Regierung zu stark, sie mussten das aufgeben«, sagt Wladimir. ∎

↑ Kräftige Eintöpfe serviert dieses Bistro in einer
Seitenstraße. Weil Besucher aus Westeuropa eher
selten sind, wurden wir häufig angesprochen —
oder sehr genau beobachtet, wie in diesem Fall.

↑ Der Friseurladen Chop Chop hat hauptsächlich jüngere Kunden. Wichtig ist für die Angestellten, auch gut mit Gesichtsbehaarung umgehen zu können – schließlich tragen immer noch die meisten Tschetschenen Vollbart.

MAIRTUP

TSCHETSCHENIEN

← Die Teilnehmer der Zikr bewegen sich betend im Kreis. Wenn sie oft genug »Es gibt keinen Gott außer Allah« skandieren, soll das den Verstorbenen im Jenseits helfen.

HAND GEGEN TROMMEL

Ob eine Bewegung, die einen fast perfekten Kreis erzeugt, ultimative Vollendung oder ultimative Ziellosigkeit symbolisiert, liegt, ähnlich wie die Sicht auf Religion im Allgemeinen, in der Wahrnehmung des Betrachters. Die Teilnehmer einer Zikr jedenfalls würden sich eindeutig für erstere Interpretation entscheiden. Zu den Schlägen auf elf runde Tamburine bewegen sich Dutzende Männer im Kreis, würdevoll federnden Schrittes, Lobpreisungen Allahs auf den Lippen. Kein Tanz ist das, sondern Meditation, ein Gebet mit dem gesamten Körper. Ein Zeremonienmeister, der sogenannte Turk, gibt die Kommandos. Heute ist das ein 70-jähriger Mann namens Magamed mit imposantem grauen Bart, listigen Augen und einem knorrigen Holzstock. Die Anwesenden gedenken zweier Eheleute im tschetschenischen Örtchen Mairtup, die vor einem Jahr kurz hintereinander verstorben sind.

Drei ineinander rotierende Kreise mit entgegengesetzten Laufrichtungen. Und außenherum rennen Kinder, fröhlich ignorieren sie die mahnenden Seitenblicke der Alten. Mehr Zurechtweisung ist nicht drin, keine Sekunde sollen die Gedanken vom Allmächtigen ins Profane abdriften. Siebzigtausendmal müssen die Teilnehmer »Es gibt keinen Gott außer Allah« skandieren, dann soll es wirken, und die beiden Verstorbenen werden im Paradies von Allah beschenkt (dass ihre Seele in den Himmel kommt, wurde schon mit einer vorherigen Zikr sichergestellt). Etwa 70 Besucher sind da, also muss jeder etwa tausendmal Allah loben, das ist machbar, man hat ja ein bisschen Zeit.

Für ihren religiösen Eifer erhoffen sich auch die Mitwirkenden hohe Belohnungen. Was eine Zikr bewirkt, sollen einst Engel Allah gefragt haben, und er antwortete, dass dadurch allen muslimischen Teilnehmern die Sünden vergeben werden. »Und wenn ein Muslim nur zuschaut?«, wollten sie wissen. »Dann ebenfalls.« »Wenn Ungläubige zuschauen, was passiert dann?« »Mir machen Zikrs so viel Freude, dass ich denen ebenfalls vergebe«, soll Allah geantwortet haben. »Und selbst wenn sie lachen über die Zikr, werde ich ihnen immer noch alles vergeben.«

Nach vollbrachtem tausendfachem Gotteslob wird gegessen. Im Innenhof stellen die Teilnehmer Holzbänke und Tische auf und schleppen riesige dampfende Töpfe herbei. Als ausländische Ehrengäste dürfen wir im ersten Stock mit Magamed speisen. Während die Gastgeberin bis zum Rand gefüllte Suppenteller im Salatschüsselformat serviert, beweist er, dass er sich wenig um Gesprächsthemen schert, die dem heiligen Moment angemessen erscheinen.

»Du musst mehr essen. Wenn du genug isst, kannst du vier Ehefrauen haben.«

»Tatsächlich? Wie viele Frauen haben Sie?«

»Seit einigen Jahren nur noch zwei. Aber ich habe siebenmal geheiratet.«

Dann kommt er auf seine Militärzeit zu sprechen, 1976 war er für zwei Jahre in der DDR. »Wir haben Sexfilme aus dem Westen geguckt«, berichtet er mit strahlenden Augen. »Die Offiziere wollten es verbieten, aber wir machten das heimlich, mithilfe von selbst gebauten Antennen. Damals war ich noch nicht religiös, ich habe getrunken, hatte Affären.« Zum Glück ist morgen die nächste Zikr, dann werden ihm diese Sätze zeitnah vergeben. Ich bringe das Thema vorsichtig zurück zum Religiösen.

Wie das mit dem Islam war zur Zeit der Sowjetunion, will ich von ihm wissen. »Damals schlossen sie alle Moscheen hier, machten daraus Lagerhallen. Wir hatten Zikrs, aber im Geheimen«, berichtet Magamed. »Unter Stalin konnten die Organisatoren dafür 25 Jahre Gefängnis kriegen. Erst in den Neunzigern gab es mehr Freiheit für Religion. Hey, du isst zu wenig.« Der gigantische Suppenteller ist tatsächlich nur unbedeutend leerer geworden, allein das darin enthaltene Lammfleisch könnte eine kleine Familie zwei Tage lang ernähren. Ich wische mir mit einer Papierserviette Schweißperlen von der Stirn und löffle weiter.

Magamed lebte früher von Tauschhandel mit Moskau. »Lebensmittel, Teppiche, Kleidung. Vieles war Mangelware damals. Dann brachte die Perestroika die Demokratie. Gorbatschow war *normalna*, schon in Ordnung. Er brachte den Menschen mehr Freiheit.« Da Religion nun nicht mehr verpönt war, konnte Magamed eine Ausbildung zum Geistlichen machen. Bis heute arbeitet er als Streitschlichter, eine höchst angesehene Position. Schon einige Blutfehden hat er als Mediator beigelegt.

Ihm geht es besser als vor 30 Jahren, auch wenn manche Unterschiede nicht allen zugutekommen. »Die UdSSR war die Ära, in der wir alle gleich waren. Und alle arm. Nun sind einige reich und viele arm. Die Schere ist enorm. Aber es ist eine Sünde, sich zu beschweren. Wenn du in Tschetschenien ein bisschen arbeitest, hast du was zu essen.« Er wirft einen kritischen Blick auf meinen noch immer fast halb vollen Teller. »So gut wie in Deutschland wird es uns allerdings wohl nie gehen«, sagt er schließlich. ■

↪ Nach dem tausendfachen Gotteslob gibt es Mittagessen. Auf riesigen Tellern wird eine kräftige Suppe mit Lammfleisch und Kartoffeln aufgetischt, niemand geht hungrig nach Hause.

↻ Die Frauen nehmen nicht an der Zeremonie teil, sie sind zunächst nur Zuschauerinnen und für die Zubereitung der Speisen zuständig. Eine Kopfbedeckung ist für alle erwachsenen Anwesenden Pflicht.

DAGESTAN

RUSSLAND

← Einsiedler mit Hunden:
Bagin Bakhilow lebt mit
seinen Tieren in einer Höhle.

HUND GEGEN HUND

>>> Zwischen saftig grünen Berghängen, bröckligen Dörfern und haarsträubenden Schotterstraßen lebt Bagin Bakhilow in einer Höhle. Er hat sanfte Augen, einen grauen Schnurrbart und den drahtigen Körper eines Asketen, zur Adidas-Jogginghose trägt er blaue Plastiksandalen. In Einzelzwingern mit rostigen Gittern hält er vier Kaukasische Owtscharkas, die Boga, Bart, Khanka und Kashei heißen. Uns ausländische Besucher begrüßen die riesigen Hunde mit schwanzwedelnden Freudensprüngen, schließlich scheinen wir Freunde ihres Herrchens zu sein.

In der Höhle, einer lang gezogenen Einbuchtung im grauen Fels, nicht weit vom Dorf Tschoch, hat Bakhilow schon als Kind mit seiner Mutter gelebt. Nun dient sie ihm als Sommerresidenz. Wenn es kälter wird, zieht er in die Stadt nach Makhatschkala. »Früher habe ich hier wie ein Neandertaler gehaust, es gab nichts, keine Straße. Die wurde erst vor Kurzem gebaut«, sagt er. Nun besteht sein Reich aus einem selbst gezimmerten Steinverhau mit Gasherd, Kühlschrank, Matratze und Lagerräumen, einem Stromgenerator und den Tieren. Pure Aussteigeridylle und trügerischer Frieden zugleich: Boga, Bart, Khanka und Kashei sind Kampfhunde, und Bakhilow ist ihr Trainer.

In den meisten Ländern der Erde ist Hundekampf verboten, in Russland findet er in einer rechtlichen Grauzone statt. Zwar ist Tierquälerei strafbar, doch was darunterfällt, ist Ermessenssache. Bakhilow sieht in seiner Disziplin nichts Verwerfliches, obwohl die Tiere bewusst auf maximale Aggressivität gezüchtet werden: »Die Hunde folgen nur ihrem Instinkt. Alle zwei Monate müssen sie kämpfen, um ihr psychologisches Gleichgewicht zu behalten«, ist er überzeugt. »Wenn ich mir Menschen bei einem Boxkampf angucke, finde ich das brutaler. Boxer machen das, um viel Geld zu verdienen. Hunde machen das, weil es in ihrer Natur liegt.« Ihren Haltern allerdings bringen sie damit Profit, könnte man hinzufügen. Der Gewinner der russischen nationalen Meisterschaft bekommt ein Auto als Preis. Und auf dem Markt bringt ein Hund mit passabler Herkunftslinie und ein paar Erfolgen im Ring 8000 bis 10.000 US-Dollar, manchmal noch deutlich mehr; vor allem Chinesen sind gute Kunden.

Wenn Bakhilow seine Hunde mit Fleisch und Grashalmen füttert oder ihre weißen Vorderläufe hochwuchtet, damit sie Männchen machen, wirkt er liebevoll und streng zugleich. Er streichelt und stößt weg, lobt und schimpft, krault und kabbelt. »Es ist wichtig, klare Grenzen aufzuzeigen, um als Chef akzeptiert zu werden. Wenn sie keine Angst vor dir haben, wirst du Angst vor ihnen haben.« Zweimal täglich geht er mit den Tieren in die Berge, mehr Training brauchen sie nicht.

»Sie sind sehr treu ihrem Meister gegenüber, folgen auf dem Fuß«, sagt Bakhilow. Er findet, dass die Menschen von Hunden lernen könnten, was Freundschaft und Liebe bedeuten. »Sie täuschen nicht, üben keinen Verrat. Du kannst Hunde auch nicht täuschen. Wenn du so tust, als würdest du einen Knochen werfen, ein- oder zweimal, dann werden sie sich erinnern. Vielleicht sind sie schlauer als wir.«

Um das zu unterstreichen, erzählt er von einem CNN-Bericht über ein amerikanisches Pärchen, das mit einem riskanten Stunt einen YouTube-Hit landen wollte. Die beiden waren davon überzeugt, ein Buch könne eine Patrone aufhalten. Also filmten sie, wie der Mann sich einen dicken Wälzer vor die Brust hielt und die Frau mit einer Pistole auf ihn schoss. Teilresultat a) war tatsächlich die ersehnte Berühmtheit, wenn auch nicht über ein virales Video, Teilresultat b) waren eine Leiche, ein peinlicher Anruf bei der Notrufnummer und mehrere Jahre Haft wegen Totschlags. »So viel Doofheit ist Hunden nicht zuzutrauen«, sagt Bakhilow heiter, während er Brotscheiben, Tomaten, Gurken, Aprikosen und Lauchzwiebeln auf einem wackligen Holztisch drapiert.

Über die Tiere spricht er mit einer Empathie, die nicht aufgesetzt wirkt. Wie kann er sich das bloß angucken, wenn eines von ihnen verwundet wird? »Die bluten ein bisschen, werden aber selten ernsthaft verletzt«, sagt er. »Ein Hund gibt auf, wenn er verliert. Dann ist der Kampf vorbei.«

Das sei auch vernünftig so, sagt er nun mit erheblich weniger Empathie. Man verliere ein Vermögen, wenn der eigene Hund ernsthaft verletzt würde. »Sie brechen sich schon mal ein Bein. Nach einem Monat ist das wieder in Ordnung«, sagt Bakhilow. »Ein russisches Sprichwort lautet: Das heilt wie bei einem Hund, Weil sie so starke Heilkräfte haben.«

Wie erklärt sich die Diskrepanz zwischen Bakhilows friedfertigem Wesen und seiner zweifelhaften Tätigkeit? Offensichtlich bewertet er Leiden und Gewalt anders als jemand, der in einer weniger schroffen Umgebung aufgewachsen ist. Wogegen er Werte wie Treue und Freundschaft möglicherweise höher schätzt als viele andere. »Jede lebende Kreatur kämpft. Und tötet. Ohne Menschen kämpfen Hunde auch. Wo ist das Problem?« ■

← Auf einem Bergpass zwischen Tschetschenien und Dagestan wird jedes Auto kontrolliert. Der winzige Grenzposten besteht nur aus einem Verschlag, neben dem ein Geländewagen steht. Die Passdaten notiert ein Soldat per Hand in einem Buch.

In Dagestan spielt traditionelles Handwerk noch eine wichtige Rolle. Aus Schafwolle werden »Burka«-Mäntel hergestellt (nicht zu verwechseln mit dem Kleidungsstück für Frauen). Auch Salz wird mit altmodischen Methoden aus Flüssen gewonnen – angeblich soll es gesünder und schmackhatter sein als anderswo.

↑ Kinder kaufen Obst, während ein Weltkriegsheld über sie zu wachen scheint. »Zwei Dinge sind in Dagestan gewiss, der Tod und Aprikosen«, sagt unser Begleiter Wladimir über die populärste Frucht der Region.

↑ An einem Fluss führt ein kleiner Trampelpfad zu einem
Wasserfall in einer Höhle. Ein paar Touristen sind da und
lassen die mystische Atmosphäre der Kaverne auf sich wirken.
Draußen vor der Höhle tummeln sich einige Touristen mehr.

← In der Tarumowsky-Region im Norden Dagestans befindet sich ein Naturschutzgebiet mit Wüstenlandschaften.

→ Eindrucksvoll ist die Sarykum-Sanddüne, die mit 262 Metern als höchste Europas gilt.

↩ Dagestans Bergdörfer sind immer für einen Spaziergang gut. Doch vielerorts ist der traditionelle Charme charakterlosen Beton-Neubauten gewichen. »Nur die armen Orte sind noch richtig schön«, findet Wladimir.

↪ »Ist es nicht gefährlich in Deutschland? Wegen der ganzen Terroristen?«, fragten uns diese beiden Frauen, die mit ihrer Enkelin (oben) am Wegesrand saßen. Dann bieten sie uns Kuchen an und empfehlen uns einen Aussichtspunkt. Ein paar Hundert Meter weiter hatten wir einen schönen Ausblick auf Häuser und Berge.

↑ Man stelle sich vor, zwei unrasierte verschwitzte Dagestanis kommen bei einer
deutschen Hochzeit vorbei – würden sie eingeladen und an den Ehrentisch gesetzt?
Zwei verschwitzten Deutschen jedenfalls ergeht es auf einer dagestanischen
Hochzeit im Örtchen Buinaksk genau so. Nach einem reichhaltigen Essen und einigem
Wodka wird Lesginka getanzt, der »Adlertanz«. Dem Mann ist es dabei verboten, die
Frau zu berühren. Eine Legende besagt, dass einst besonders waghalsige Männer
ihren Hut hinter dem Rücken der Dame von einer Hand in die andere beförderten. Eine
echte Mutprobe – und damit ein echter Liebesbeweis: Wenn ein Arm dabei die Frau
berührte, hatten ihre Verwandten nach alter Tradition das Recht, den Tänzer zu töten.

→ Bei der Hochzeit stehen
zwei Boxen für Geldgeschenke
bereit. Eine für die Familie
der Braut, eine für die des
Bräutigams. Der Familie,
die weniger gibt, wird diese
Schmach noch jahrelang
vorgehalten werden.

Bei einem Musikstück dürfen männliche Festgäste nacheinander kurz mit der Braut tanzen, die dafür im Gegenzug symbolisch Geldgeschenke erhält. Natürlich stehen auf dem Tisch nur die erlesensten Köstlichkeiten. Schafskäse, Hinkal-Teigtaschen, Fleischpasteten, Huhn und Salate. An Knoblauch wird in Dagestan nie gespart.

↑ Zu ohrenbetäubend lauter Musik tanzen zunächst nur die engsten Familienangehörigen des Paares, später auch die anderen Gäste. Für alle nicht allzu strengen Muslime wird Wodka der Marke »Franklin Platinum« serviert.

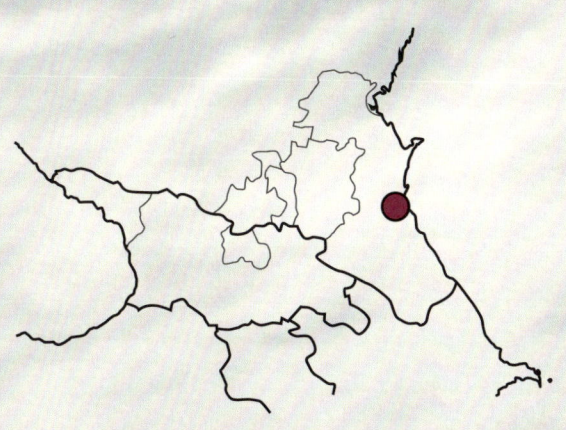

MACHATSCHKALA

DAGESTAN

← Konzentration bei der Probe: Noch vor wenigen Jahren war es undenkbar, in Machatschkala eine Ballettkompanie auf die Beine zu stellen.

KUNST GEGEN TRADITION

Pioniere brauchen Mut, Sturheit und Durchhaltevermögen, und manchmal brauchen sie ganz einfach rhetorisches Geschick. »Wann fühlt ihr euch mehr als Mann: Wenn ihr mit einem halb nackten Kerl im Ring herumtollt? Oder wenn ihr eine Frau an der Taille umfasst?«, fragte Musa Osdoyew vor einigen Jahren Mitglieder seiner Truppe. Seine Mission war, traditionsbewussten Muslimen beizubringen, dass es beim Ballett okay ist, wenn sich Mann und Frau berühren. »Sie mussten verstehen, dass es dabei um Kunst geht und nicht um Sex«, sagt der Regisseur.

Die Idee einer Ballettkompanie in Dagestan, das erinnert ein wenig an den Film *Fitzcarraldo* von Werner Herzog, in dem mitten im tiefsten Amazonas-Dschungel ein Opernhaus entstehen soll; wobei im Urwald, anders als im Nordkaukasus, wenigstens kein moralischer Clash mit den lokalen Traditionen zu befürchten ist.

Osdoyew, Mitte 60, hat in Baku, Wladikawkas und Chisinau gearbeitet, war Ballettdirektor im Ural und Kulturminister von Inguschetien. Doch der Job in Machatschkala ist mit Sicherheit seine größte Herausforderung.

Eines der ersten Stücke unter seiner Leitung sollte *Imam Schamil* werden, ausgerechnet! Eine Tanz-Performance über das Leben des größten Kriegers des Kaukasus, der im 19. Jahrhundert gegen die Russen gekämpft hatte. Und jetzt sollte der im Rahmen eines urrussischen Hochkulturevents als Held in Strumpfhose auf die Bühne gehen?

»Es gab Gerüchte, dass ich den heiligen Imam Schamil in einem Balletttrikot zeigen würde, und die Leute waren schon wütend. Dann sahen sie, dass er vernünftig angezogen war, und sie beruhigten sich etwas«, erinnert sich Osdoyew an die Kontroverse vor zehn Jahren. Vor der Premiere allerdings musste ein Zensurkomitee überzeugt werden: Mehrere anerkannte Geschichtsexperten sahen sich das Stück an. Ohne ihr Einverständnis wäre es nie aufgeführt worden. »Es ging gut, sie waren überrascht, dass man das Thema ›Mut‹ im Tanztheater darstellen kann«, sagt Osdoyew.

Im verspiegelten Übungsraum im vierten Stock des Maxim-Gorki-Theaters, Leninstraße 38, wird klar, was er damit meint. Wenn der schwarz gekleidete Imam-Darsteller sich über den Parkettboden rollt, hochschnellt, in Drohgebärden verharrt, dann ist das Kriegstanz statt Pas de deux, Samuraikunst statt *Schwanensee*. Energiegeladen und stolz wie bei einer traditionellen Lesginka bewegt sich der Tänzer durch den Raum, während aufgepeitschte Blechbläser und Trommeln aus einer silbernen Kompaktstereoanlage den Takt vorgeben. Im nächsten Aufzug spielen Frauen eine Schlacht nach; schließlich haben die damals auch gekämpft.

Osdoyew selbst kann kaum stillstehen. Immer wieder macht er Bewegungen mit, klatscht den Takt, wenn jemand aus dem Rhythmus gerät und ruft Kommandos: »Eins!«, »Kopf hoch!«, »Drehung!«, »Arm raus!« Mit Struppelfrisur, zu großer Weste und Schlabberjeans wirkt er äußerlich nachlässig, doch umso strenger sind seine Korrekturen und Anweisungen. Bei den Tänzerinnen dagegen sind die Dutts akkurat und dafür manche Bewegungen nachlässig. Die meisten sind Absolventinnen lokaler Tanzakademien; sie haben erst spät mit Ballett angefangen.

Die Handlung beginnt in Imam Schamils Geburtsort Gimry. In einer frühen Szene muss er dort seinen Sohn als Geisel hergeben. Später erlebt der Zuschauer die Schlacht in Gunib, in der Schamil festgenommen wird — von russischen Soldaten, deren Stechschritt fließend in ein Grand battement jeté (»großes hohes Schlagen«; ein Bein wird dabei so hoch wie möglich nach vorn, zur Seite oder nach hinten geworfen) übergeht, so nah können sich militärische und tänzerische Bewegung sein. Widerstandskämpfer Schamil wird dem Zar vorgeführt, zuletzt begibt er sich auf Pilgerreise nach Medina, wo er ums Leben kommt.

Trotz so viel Action: »Die Mehrheit der Zuschauer ist weiblich. So wie in jedem Theater. Frauen sind neugieriger«, sagt Osdoyew und wischt sich den Schweiß von der Stirn. Draußen flimmert die Luft bei 35 Grad. In den Trainingspausen wedeln sich die Tänzerinnen mit dem Rocksaum Luft zu. Ein Mitarbeiter sprenkelt für die nächste Szene aus einer Fünf-Liter-Flasche Wasser auf den Boden.

Inzwischen besteht das vielfältige Repertoire aus zehn Stücken. Neben traditionellen Stoffen aus der Region, zum Beispiel einem vertonten Gedicht von Rasul Gamsatow, haben sie eine Charlie-Chaplin-Revue, *Hamlet* und ein Tschaikowsky-Potpourri im Programm.

Imam Schamil wurde ein voller Erfolg, das Stück führen sie bis heute regelmäßig auf. Der befürchtete Ärger mit islamischen Extremisten, die ihren Volksheld veralbert sehen könnten, blieb aus. »In den letzten zehn Jahren gab es keine Probleme damit«, sagt der Maestro achselzuckend. »Auch glaube ich, dass die sich in Wirklichkeit gar nicht so für Ideologie, sondern mehr für Geld interessieren. Da habe ich keine Angst — bei mir ist nicht viel zu holen.« ■

↑ Über 600.000 Menschen leben in Machatschkala.
Manche von ihnen haben nur winzigen Wohnraum,
so wie in diesem Holzgebäude, in dem ganze Familien
auf weniger als 25 Quadratmeter leben.

↑ Bei gutem Wetter baden die Einheimischen am
Stadtstrand. Sportlich geht es aber auch außerhalb
des Wassers zu. Wer Spaß an Ringen, Kraftsport
oder Volleyball hat, findet schnell Gleichgesinnte.

In der Markthalle der Stadt sind Fische aus dem Kaspischen Meer und lokale Spezialitäten wie die Leinsamenpaste Urbech oder getrocknete Früchte im Angebot.

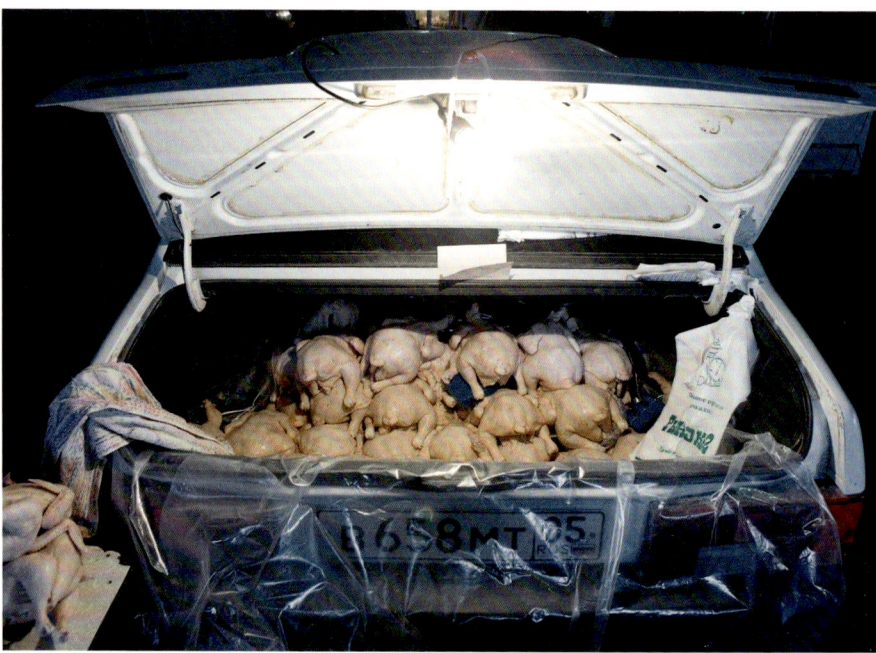

↪ Neben Schafskäse, Fleisch und Honig kann man auch Stör bekommen, obwohl dessen kommerzieller Fang seit fast 20 Jahren offiziell verboten ist. Der Fisch, der sowohl zur Kaviargewinnung als auch wegen seines Fleisches geschätzt wird, ist vom Aussterben bedroht.

DERBENT

DAGESTAN

← Vaulina kam nach Dagestan, um härter zu werden. Ihre kindlich wirkende Fröhlichkeit hat sich trotzdem nicht verloren.

KÄMPFERIN GEGEN KÄMPFERIN

>>> Viktoria Vaulina hat eine irrationale Angst vor Hasen und weint, wenn sie Bollywood-Filme guckt. Vor einem Jahr zog sie aus Perm im Uralgebirge in den Kaukasus, um härter, aggressiver und selbstbewusster zu werden.

Das jedoch scheint nicht so recht in ihrer Natur zu liegen, wie wir beim Fototermin merken: »Ich kann gar nicht böse gucken, ich bin zu nett«, sagt die 19-Jährige, während sie maximal charmant scheitert beim Versuch, länger als eine halbe Sekunde in einer bedrohlichen Kämpferpose zu verharren.

Wir treffen sie bei einem Zwischenstopp auf der Fahrt nach Derbent. Sie trainiert in einem zweckmäßig eingerichteten Sporthallenparterre in einer Plattenbausiedlung in Kaspijsk, 18 Kilometer südlich der Provinzhauptstadt Machatschkala. Blaugelbe Matten auf dem Boden, Sprossenleitern an der Wand, es riecht nach Synthetikturnschuhen und Schweiß. Vaulina ist Jugendweltmeisterin im Ringen, in der Klasse bis 55 Kilo.

Ihr Umzug war ein logischer Schritt, denn Ringen ist Volkssport Nummer eins in Dagestan und Tschetschenien. Hier arbeiten die besten Coaches, erfolgreiche Kämpfer bekommen Wohnungen und Autos geschenkt, und hier kommt die Mehrzahl der russischen Olympiasieger her. Viele Russen interessieren sich im Alltag wenig für die krisengeplag-

ten Nordkaukasus-Republiken, doch alle vier Jahre bei den Spielen ist man nicht unglücklich über die Aufbesserung des Medaillenspiegels. Wer einmal darauf achtet, wie viele Männer die genretypischen Blumenkohlohren haben, entstellt durch Tausende Schwitzkästen, kann erahnen, wie verbreitet die Sportart ist.

Vaulinas dagestanische Trainerin kommt zur Tür herein, über ihre eindrucksvollen Schultern spannt sich ein rosafarbenes T-Shirt mit der Aufschrift »Girls, be unique and be happy, your smile makes you beautiful«.

Sobald die beiden im Ring in Kampfposition gehen, findet eine Verwandlung statt. Noch immer lächelnd, aber nun hochkonzentriert blickt Vaulina ihre Kontrahentin an. Jeder Oberkörpergriff, jeder Überwurf ist tausendfach geübt. Wendig und blitzschnell bewegt sich die Jüngere, während die Trainerin mehr auf Ruhe, Körperkraft und Vorausschau setzt.

Viele Stunden dauern die täglichen Einheiten nach dem obligatorischen Morgenjogging am Kaspischen Meer. Manchmal kämpfen sie auch mit Männern, aber die sind nur widerwillig dabei; schließlich verbietet es eigentlich der muslimische Glauben, eine Frau zu berühren.

»Das ist schade, denn es ist immer gut, gegen Stärkere zu kämpfen«, sagt Vaulina. »Vorwärts«

steht auf der Trainingshose, »Russland« auf der Brust, »Nationalteam« auf dem Ärmel, und damit ist über ihre Pläne für die nächsten Jahre eigentlich alles gesagt. »Bei den nächsten Olympischen Spielen will ich Gold gewinnen«, sagt Vaulina.

Im Gespräch ist sie wieder die aufgeregte Teenagerin von vorhin, die sich ständig mit auffallend kräftigen Fingern durch die Haare fährt.

Ihre Mutter im Ural hätte sich gewünscht, dass sie in Sankt Petersburg Sport studiert, die Aufnahmeprüfung hatte sie schon bestanden. »Sie sieht im Fernsehen Berichte über Schusswechsel und Mädchenentführungen in Dagestan. Deshalb hatte sie Angst. Aber sie hat mir nicht reingeredet.« Vaulina dagegen sah den Vorteil, als Ringerin optimal gefördert zu werden. Auf der Straße fürchtet sie sich nicht vor Gewalt. »Wir Sportler sind wie eine Familie, wir verteidigen uns immer untereinander«, sagt sie. »Wenn einer von uns angegriffen würde, wird sich der Schuldige mal mit allen Sportlern ›unterhalten‹ müssen, was nicht besonders angenehm wäre. Ich fühle mich sehr geschützt hier.« Wenn sie jetzt für Wettkämpfe ins Ausland reist, vermisst sie Dagestan und nicht mehr Perm. »Hier gibt es alles: Meer, Berge und Sparringpartnerinnen. Also werde ich bleiben«, sagt sie und streicht sich verlegen durchs Haar. ■

← Russlands südlichste und älteste Großstadt ist Derbent. An vielen Ecken hängen zu einem Jubiläum im Jahr 2015 Poster mit der Aufschrift »Derbent 2000«. Für manchen Einheimischen ist das ein Affront, denn lange hieß es, die Stadt sei etwa 5000 und nicht nur 2000 Jahre alt. Tatsächlich gibt es so alte Siedlungsspuren, nur ist unklar, ob der Ort immer ohne Unterbrechung bestand.

↑ Derbent gilt als wichtiges Zentrum des Judentums in Dagestan. »Wir sind
schon länger hier als die meisten anderen Volksgruppen«, versichert uns
der Rabbi der örtlichen Synagoge. Viele Gemeindemitglieder seien Nachfolger
der sogenannten Bergjuden, die jahrhundertelang im Kaukasus im Exil lebten.
»Wir haben keine Probleme mit den hiesigen Muslimen«, versichert der Gläubige.

↑ Knapp fünf Prozent der Bevölkerung von Derbent sind
Juden. In einer ihrer Synagogen gibt es einen Kindergarten
mit Betten – im Winter sind drei Stunden Mittagsschlaf
üblich, im Sommer dreieinhalb, weil es so heiß ist.

↑ Im Friseurladen zwei Straßen weiter bearbeiten jüdische Angestellte Kunden aller Konfessionen. 200 Rubel kostet der Herrenhaarschnitt, das sind weniger als drei Euro. Für einmal Bartscheren muss man gerade mal 50 Rubel zahlen.

↻ Ein Trommelbauer lädt uns zum Tee ein und zeigt uns seine Werkstatt. Die besten Instrumente mit Eichenholz kosten 15.000 Rubel, das entspricht 203 Euro.
Die Vögel gehören Nijas, dessen Familie schon seit sechs Generationen Tauben züchtet. Traditionell kommen sie bei Hochzeiten zum Einsatz; dann werden einige der Tiere freigelassen. Doch viele kommen wieder zurück zu Nijas. »Sicherheit ist ihnen wichtiger als Freiheit«, sagt er.

→ Auf einem muslimischen Friedhof ernten ein paar Männer allerfeinste Aprikosen. Die fehlende Halterung der Leiter wird einfach durch Muskelkraft ausgeglichen.

↑ Ein Obstverkäufer hat in seinem Lastwagen ein Lager für sein Kind eingerichtet. Das Kilo Melone kostet bei ihm 30 Rubel, das entspricht 40 Cent.

↑ In Dagestan sehen wir viele brennende Getreide-felder. Eine verantwortungslose Methode, um Asche als Dünger zu erhalten - kleine Tiere sterben dabei, und die Waldbrandgefahr ist hoch.

XINALIQ
ASERBAIDSCHAN

← Der Herr mit der Stoffmaske stoppt unser Auto auf dem Weg nach Xinaliq, springt ein bisschen herum und will dann Geld von uns. Wir zahlen einen Manat und sind uns nicht ganz sicher, ob wir es mit einem Straßenkünstler zu tun haben oder einem Bettler – oder ob wir gerade überfallen werden.

WOLF GEGEN SCHAF

>>> Ali, ein aserbaidschanischer Nobelmann, verliebt sich in Nino, eine Prinzessin aus Georgien. Sie wollen heiraten, doch die traditionsbewussten Eltern sind damit nicht einverstanden. Als ein armenischer Nebenbuhler Nino im Auto entführt, folgt Ali ihm auf dem Pferd. Im Duell erdolcht er ihn, wird jedoch selbst schwer verletzt. Aus Angst vor der Blutrache der Familie zieht er nach Norden in ein kleines Bergdorf, wo Höhenluft und ein großes Paket Haschisch bei der Genesung helfen sollen.

Ali & Nino, die Verfilmung des gleichnamigen aserbaidschanischen Nationalromans, spielt Anfang des 20. Jahrhunderts, während des Ersten Weltkrieges und kurz danach. Die beiden Liebenden erleben eine ereignisreiche Ära zwischen Hoffnung und Enttäuschung. 1918 erklärte sich Aserbaidschan unabhängig von Russland, doch nur zwei Jahre später zogen die Bolschewiken mit Waffengewalt ein. Der Film-Ali stirbt mit nur 24 Jahren im Kugelhagel der Russen.

Die Kulisse für das Bergdorf fand das Filmteam in Xinaliq im Norden Aserbaidschans. Eine gute Wahl, denn allzu viel hat sich hier nicht geändert in den letzten hundert Jahren, auch wenn es nun Stromleitungen und Satellitenschüsseln gibt. Noch immer leben die Menschen hauptsächlich von der Schaf- und Kuhzucht, Hühner laufen frei durch den Ort, und wie im Film stapeln sich vor den Dorfmauern Briketts aus Gülle, die als Brennstoff verwendet werden. Und an den Bergen ringsum ändert sich sowieso nicht viel über die Jahrhunderte.

Unser Gastgeber Halil stand Dutzende Male auf den Gipfeln der Umgebung, meist mit Freunden, manchmal als Bergführer für Touristen. Bazardüzü Dagi, 4466 Meter. Shadagh, 4243 Meter. Tufandag, 4191 Meter. Yaridag, 4116 Meter. Chingiz Mustafajew, 4062 Meter. Atatürk-Berg, 3759 Meter. Heydar-Berg, 3751 Meter. Gisil Gaya, 3726 Meter. Höhen, die in den Alpen zum Legendenstatus reichen würden, hier aber zu Bergen gehören, die nur einer Minderheit namentlich bekannt sind. »Ich bin in der Höhe aufgewachsen, habe es immer geliebt, draußen zu sein«, sagt Halil, während er durch Einsteckfotoalben matter Gipfelbilder blättert. Er ist Mitte 50, schmales Gesicht, Seitenscheitel, nie lächelt er auf Fotos.

Er hat Zeiten unter sowjetischer Führung erlebt und Zeiten der Unabhängigkeit. Seit 1991 gehört Aserbaidschan nicht mehr zu Russland. »Ein riesiger Unterschied, damals hatten wir keinen Strom und kein Wasser, sie haben uns einfach alleine gelassen. Nun gibt es alles, auch die Schulbildung hat sich verbessert. Von der ersten bis zur sechsten Klasse lernen die Kids wieder die Xinaliq-Sprache, die weltweit nur in diesem Dorf gesprochen wird.«

Halil arbeitet im Kulturzentrum, aber wenn Besucher kommen, verwandelt er sein Haus in einen Homestay. Im Gästezimmer wacht ein zerzauster ausgestopfter Steinadler über durchgelegene Matratzen, an der Wand hängen Gipfelzertifikate, eine zwei Meter breite Aserbaidschan-Flagge und Fotos von erlegten Kaukasischen Steinböcken. »Leider schränkt die Regierung neuerdings ein, was gejagt werden darf«, klagt Halil.

Doch Geschick im Umgang mit Gewehren ist weiterhin wichtig. Im Nachbardorf fielen ein paar Tage vorher Wölfe nachts über eine Schafherde her, erlegten in einer Stunde 70 Tiere. »Wölfe töten, so viel sie können, das ist ihre Natur. Bären sind dagegen viel zivilisierter, sie wählen nur ein Opfer, so viel wie sie mitnehmen können.«

In *Ali & Nino* kommt diese Rauheit der Natur nicht vor. Brutalität wird dort nur zwischen Menschen thematisiert, das Gebirgsdorf ist ein konfliktfreier Rückzugsort. Bezeichnenderweise hat das Filmpaar dort seine beste Zeit. »Das Leben ist einfach in den Bergen. Wir haben nicht den Komfort der Städte, aber ich kann ehrlich sagen: In meinem ganzen Leben war ich nicht so glücklich«, schreibt Nino in einem Brief an ihre Eltern.

Das Landleben radiert kulturelle Unterschiede aus. So verschieden ihre Herkunft — sie ist Christin, er Moslem, sie aus dem »Westen«, er aus dem »Osten« — so stark fühlen sie sich dem Kaukasusgebirge verbunden. Während an anderen Drehorten immer entweder er oder sie deplatziert wirkt, sind sie hier beide gleichermaßen zu Hause. ■

⤷ Nur 27 Kilometer ist die russische Grenze von Xinaliq entfernt. »Früher hatten wir mehr Besucher aus Dagestan«, sagt Halil. »Doch seit es dort Probleme mit Islamisten und eine Militärbasis gibt, haben wir weniger Austausch.«

↪ In dem Dorf fühlt man sich wie auf einer Zeitreise in die Vergangenheit. Ein kleiner Junge präsentierte uns stolz seinen Lieblingstruthahn. Die Menschen hier sind im Winter manchmal wochenlang vom Rest der Welt abgeschnitten, weil dann die Straße nicht befahrbar ist.

↑ Trotz seiner 73 Jahre schuftet Mirza noch täglich auf dem Feld.
»Was wir hier machen, ist noch echte Arbeit. Im Gegensatz zu
eurem Job«, ist er überzeugt. Dann spricht er eine Einladung aus:
»Wenn ihr das nächste Mal kommt, wohnt ihr bei mir, in Ordnung?«

↑ Ein Reiter trabt in offensicht-
licher Eile an uns vorbei –
im Nachbarort scheint es heute
Lamm zum Abendessen zu geben.

→ Die landschaftliche Schönheit der Umgebung ist spektakulär. Kein Wunder, dass der Ort schon als Kulisse für den Kinofilm *Ali & Nino* verwendet wurde.

← Wir fragen einen jungen Mann nach dem Weg. Als er unsere Kameras sieht, bittet er darum, ein Porträtfoto von ihm zu machen.

→ Nur ein paar Kilometer weiter entdecken wir eine Skulptur, deren Gesichtszüge unserer Zufallsbekanntschaft auffällig ähnlich sehen.

QUBA
ASERBAIDSCHAN

In Quba werden in Handarbeit opulente Teppiche
hergestellt – teils mit überraschend ortsuntypischen
Motiven. An einem größeren Exemplar arbeiten
fünf Frauen fünf Monate lang. »Das Wichtigste bei
der Arbeit ist, eine Leidenschaft dafür zu haben«,
sagt eine der Teppichknüpferinnen.

↑ Das Jesusmotiv kommt uns im muslimisch geprägten Aserbaidschan doch eher ungewöhnlich vor. »Wir richten uns auch etwas danach, was die Kunden sich wünschen«, gibt die Künstlerin zu.

↑ Straßenstände in Quba bieten Baklava an, so süß, dass es an den Zähnen wehtut. Die wichtigsten Zutaten sind Walnuss, Honig und Zucker.

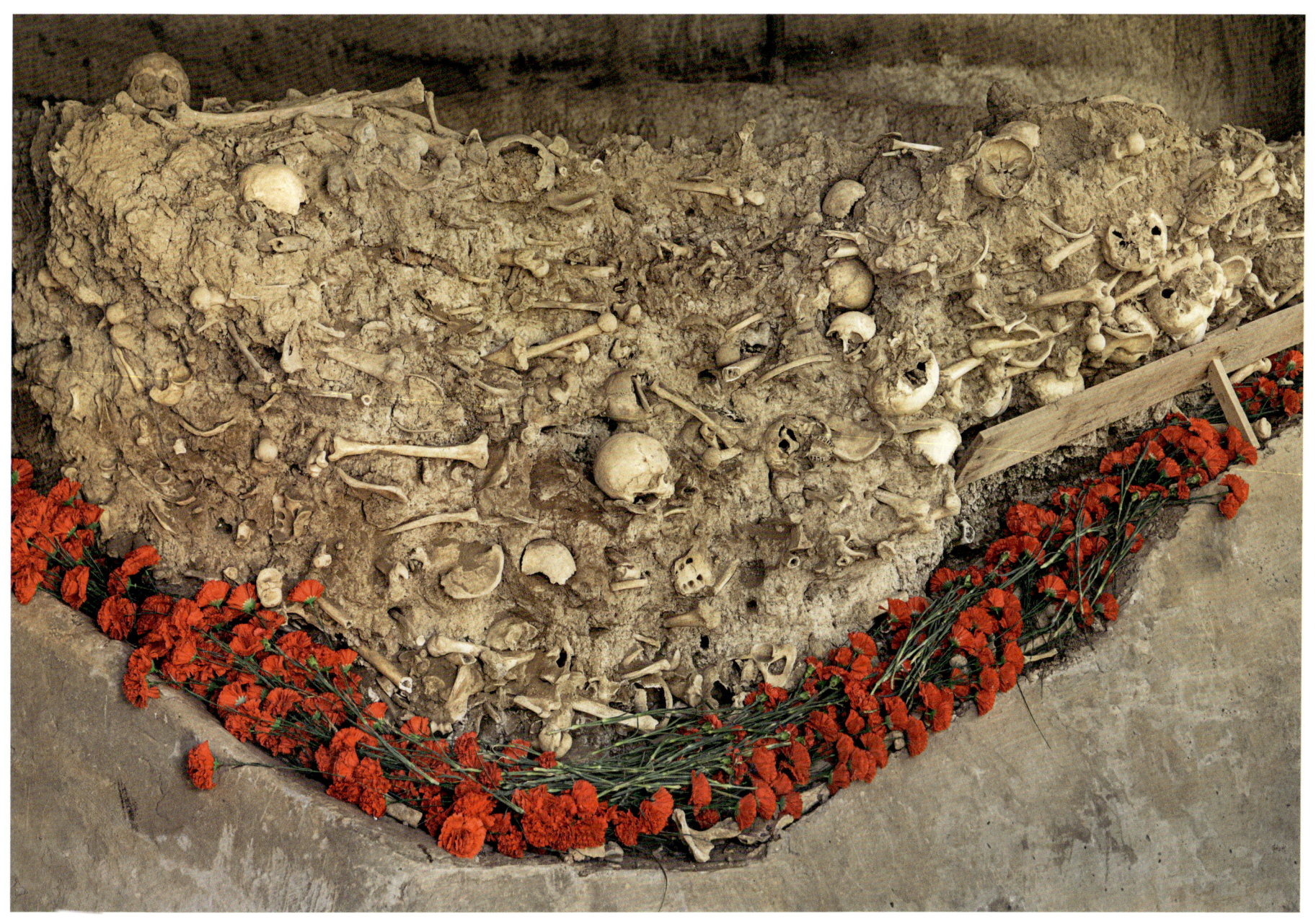

↑ Etwas außerhalb der Stadt wurde 2007 ein Massengrab entdeckt. Die Toten sollen Opfer eines brutalen Angriffs armenischer Truppen im Jahr 1918 sein, doch die Faktenlage ist umstritten.

BAKU
ASERBAIDSCHAN

← Vorne die ewige Flamme, hinten die »Flame Towers«, die dem lodernden Feuer nachempfunden sind — Aserbaidschan heißt übersetzt »Land des Feuers«.

PRACHTBAUTEN GEGEN VERNUNFT

>>> Die Dächer des Heydar-Aliyew-Zentrums in Baku erinnern an die schlagsahneweichen Flanken eines schneebedeckten Berges. Organische Formen, die aus jeder Perspektive ein wenig anders wirken. Zum Sonnenuntergang kommen Hunderte Schaulustige, um die Magie der Architektur von Zaha Hadid zu bewundern. Skater üben ihre Tricks, Kinder klettern auf bunten Skulpturen herum. Im gesamten Kaukasus wurde seit Jahrzehnten kein schöneres Gebäude gebaut als dieses.

Nurlan Huseynow ist trotzdem wenig begeistert. »Klar, es ist wundervoll. Und es bringt Touristen«, sagt der 32-jährige Journalist. Obwohl er in Baku lebt, ist er heute zum ersten Mal an der Hauptattraktion der Stadt. »Die Regierung gibt viel zu viel Geld für Beton und Glas aus und zu wenig für Bildung oder Gesundheit. Deshalb wollte ich nie herkommen und Erinnerungsfotos machen, damit würde ich ja zeigen, dass ich damit einverstanden bin.« Tatsächlich sind zahlreiche Einwohner ohne Rechtsgrundlage vertrieben worden, um Platz für den Prachtbau zu schaffen. An vielen Stellen in Baku ist offensichtlich, wie viel Geld aus Öleinnahmen in teure Architekturprojekte gewandert ist. Die »Drei Flammen« mit ihren Spiegelglasfassaden, die Esplanade am Kaspischen Meer, dazu Spielereien wie ein Teppichmuseum in Form eines gigantischen eingerollten Teppichs und ein Museum für Musikinstrumente in Form einer Tar-Laute.

Über das Design des Kulturzentrums gibt es verschiedene Interpretationen. Von Weitem erinnert es an einen weißen Cowboyhut oder eine Raumstation. Weit verbreitet ist die Ansicht, dass die Außenlinien der Unterschrift des namensgebenden Ex-Machthabers Heydar Alijew nachempfunden sind.

»Es fehlt Geld für das Gesundheitssystem, für Reformen, für Studenten, die man ins Ausland schicken könnte, damit sie als gut ausgebildete Spezialisten zurückkommen. Wir bräuchten mehr Ärzte, Lehrer und IT-Experten«, sagt Nurlan. Er hat einen gepflegten Zehntagebart, kräftige Arme und eine Vorliebe für weiße Hosen und weiße T-Shirts. Die Stelle, an der seit 2012 das Kulturzentrum steht, kennt er gut von früher.

»Hier gab es eine alte Waffenfabrik und Hochhäuser für die Arbeiter. Darin habe ich 15 Jahre lang gelebt, nachdem ich aus meinem Heimatdorf geflohen bin, aus Füzuli bei Berg-Karabach«, sagt Nurlan. Mehr als eine Million Menschen mussten ihre Heimatorte verlassen, als der Krieg um das Landstück im Westen gegen das christliche Armenien am heftigsten wütete. Heute herrscht offiziell Waffenstillstand, doch zu Schusswechseln kommt es immer wieder. Zwar ist Aserbaidschan militärisch stärker, doch Armenien kann auf die Unterstützung Russlands setzen.

Es liegt in der Natur der meisten Territorialkonflikte, dass sich objektiv schwer eindeutig sagen lässt, wer im Recht ist. Was ist der Referenzzeitpunkt, der Stand vor 50 Jahren oder der vor 300 Jahren? Wie viele Mitglieder einer Volksgruppe reichen, um eine Region für legitim unabhängig zu halten, 30 Prozent, 50 Prozent, 80 Prozent? Geht es um geopolitische Interessen oder den Willen des Volkes, oder wurde Letzterer wegen Ersterem gezielt manipuliert? Wann ist Gewalt gerechtfertigt, und was ist Angriff und was ist Verteidigung?

Die Fakten: In Berg-Karabach lebten schon seit vielen Jahrzehnten deutlich mehr armenischstämmige Bürger als Azeris. Beide Länder führten Pogrome durch und töteten Zivilisten. Armenien hält derzeit mehr Territorium besetzt als nur die umstrittene Region – das wird aus aserbaidschanischer Sicht als besonders ungerecht empfunden. Die UNO erkennt bis heute Berg-Karabach nicht als unabhängig von Aserbaidschan an.

In Baku zeigt uns Nurlan die Gräber von 150 Toten eines russischen Massakers am 20. Januar 1990. Gleich daneben steht ein Denkmal für türkische »Märtyrer«, die 1918 im Kampf gegen Armenier und Bolschewisten halfen. »Manche sagen, wir sind nur durch den Konflikt mit Armenien zur Nation geworden«, sagt Nurlan. Dem vergleichsweise jungen Land fehlten ansonsten identitätsstiftende Geschichtsdaten. Auch die Religion ist bei Weitem nicht so wichtig wie bei den Nachbarländern, laut einer aktuellen Umfrage fühlen sich nur 34 Prozent dem Islam zugehörig. »Aber wir sind verwundbar. Das Bildungssystem ist schlecht, die Mehrheit konservativ. Es gibt antidemokratische Tendenzen, und immer mehr Menschen werden religiös, weil es ihnen Hoffnung und Bestätigung gibt. Hätten wir eine Demokratie, könnte der Einfluss des Islam nicht so stark werden.« Seine Idee, was das Beste für sein Land wäre? »Ich glaube, wir brauchen mehr Nationalismus. Aber ohne die negativen Aspekte, da müssen wir aus der Geschichte lernen. Kleine Länder haben oft nur überlebt, weil sie einen starken Sinn für ihre Identität hatten. Wir waren nie so nationalistisch wie Georgien oder Armenien.«

Aserbaidschan setzt auf teure Architektur und internationale Großevents, wie etwa den Eurovision-Wettbewerb 2012, die Baku European Games 2015 oder das jährliche Formel-1-Rennen in der Hauptstadt, dessen Streckenbegrenzungen teils ganzjährig liegen bleiben (im Übrigen eine Sportart, die perfekt zur aserbaidschanischen Seele passt, wie man auf halsbrecherischen Überlandfahrten mit Einheimischen feststellen kann).

Vielleicht wollen sich die Mächtigen nur selbst ein Denkmal setzen. Zugleich ist all das auch ein Versuch, mehr Stolz und Identifikationspotenzial beim Volk zu generieren. Vielleicht ist das meilenweit entfernt von dem, was Land und Leuten wirklich guttun würde.

Das stärkste Band, das die Menschen zusammenhält, ist im Kaukasus leider immer der Konflikt mit den Nachbarn. ■

← Moschee in Baku: Als streng islamgläubig sieht sich laut einer Umfrage nur etwa ein Drittel der Aserbaidschaner.

→ Ein Ort zwischen islamischer und westlicher Welt: Neuerdings kommen immer mehr Touristen aus arabischen Ländern.

Baku hat den Spitznamen »Stadt des Windes«, weil oft eine anständige Brise weht. Spektakulär ist das Kulturzentrum, entworfen von Zaha Hadid (unten). Außer prachtvoller Architektur entdecken wir bei einem Rundgang auch Hinweise auf Krisen der Vergangenheit. Zum Beispiel an zahlreichen Gedenkstätten oder – erheblich subtiler – im Moscow Shisha Club, der Wasserpfeifen in Kalaschnikow-Form anbietet.

↑ Wir sehen auffallend viele Ladas des gleichen Typs
auf den Straßen. Der Fahrer von diesem Exemplar
beweist großes Vertrauen in seinen Dachgepäckträger.

← Diese Taxifahrerin bezauberte uns mit einem goldenen Strahlen. Während der Fahrt verging ihr jedoch das Lachen, weil andere Verkehrsteilnehmer erheblich weniger friedfertig unterwegs waren als sie.

→ Im Norden der Hauptstadt stehen zahllose Ölfördertürme. Auf 7 bis 13 Milliarden Barrel werden die Vorkommen des wichtigsten Exportgutes des Landes geschätzt. Doch bei den meisten Bürgern kommt nicht viel von dem staatlichen Reichtum an.

↑ Baku setzt auf große Bauprojekte und
Konsumgüter der Neuzeit. Die riesigen
Shopping Malls könnten genauso gut in
Shanghai, Abu Dhabi oder Paris stehen.

→ Doch die Stadt zeigt auch, wie zerbrechlich die aktuell relativ stabile Situation ist. Hier wird der Opfer des Massakers vom Januar 1990 gedacht, bei dem 150 Menschen ums Leben kamen.

AUTOREN-BIOGRAFIE

GULLIVER THEIS (links), Jahrgang 1971, arbeitet seit 20 Jahren als freier Fotograf in fast allen Genres zwischen Werbung und Editorial. Im Augenblick liegt sein Fokus auf dem Bereich der Reisereportage. Er ist Gewinner des Lead Awards und in allen namhaften Magazinen wie zum Beispiel GEO und NATIONAL GEOGRAPHIC regelmäßig vertreten. Weitere Beispiele unter www.gullivertheis.de.

STEPHAN ORTH (rechts), geb. 1979, arbeitete als Redakteur im Reiseressort bei Spiegel Online, bis er sich 2016 als freier Journalist selbstständig machte. Für seine Reportagen wurde er mehrfach mit dem Columbus-Preis ausgezeichnet. Er ist Autor des Bildbands »Iran«, ebenfalls erschienen bei NATIONAL GEOGRAPHIC, und der Erzählbände »Couchsurfing im Iran« und »Couchsurfing in Russland«.

DANK

Ganz herzlich bedanken möchten wir uns bei folgenden Personen, ohne die dieses Buch nicht möglich gewesen wäre:

Wladimir Sewrinowsky (Stringer in Tschetschenien/Dagestan), Devi Asmadiredja (Stringer in Georgien), Nurlan Huseynow (Stringer in Aserbaidschan).

Abdullah Bokow, Gabriele Engelke, Claudia Haas, Joachim Hellmuth, Anastasiya Izhak, Daria Legashvili, Sophie Linz, Forough Kamali, Nadia Kirillova, Nino Kurdadze, Yulia Samus, Pamela Scholz, Nastia Polikarpova, Renat Renatov.

Und all den wunderbaren Menschen im Kaukasus, die uns auf dieser Reise in ihren Alltag mitgenommen haben.

Seit ihrer Gründung 1888 hat sich die National Geographic Society weltweit an mehr als 12 000 Expeditionen, Forschungs- und Schutzprojekten beteiligt. Die Gesellschaft erhält Fördermittel von National Geographic Partners LLC, unterstützt unter anderem durch Ihren Kauf. Ein Teil der Einnahmen dieses Buches hilft uns bei der lebenswichtigen Arbeit zur Bewahrung unserer Welt. Das legendäre NATIONAL GEOGRAPHIC-Magazin erscheint monatlich. Darin veröffentlichen namhafte Fotografen ihre Bilder und renommierte Autoren berichten aus nahezu allen Wissensgebieten der Welt. National Geographic im TV ist ein Premium Dokumentations-Sender, der ein informatives und unterhalt- sames Programm rund um die Themen Wissenschaft, Technik, Geschichte und Weltkulturen bereithält. Falls Sie mehr über National Geographic wissen wollen, besuchen Sie unsere Website unter www.nationalgeographic.de.

IMPRESSUM

VERANTWORTLICH Joachim Hellmuth, Pamela Scholz
SATZ UND LAYOUT Claudia Haas
LEKTORAT Karin Weidlich
KORREKTORAT Britta Mümmler
REPRO LUDWIG:media
UMSCHLAGGESTALTUNG Claudia Geffert
HERSTELLUNG Anna Katavic
Printed in Germany by Appl aprinta

★★★★★

Sind Sie mit diesem Titel zufrieden? Dann würden wir uns über Ihre Weiterempfehlung freuen. Erzählen Sie es im Freundeskreis, berichten Sie Ihrem Buchhändler, oder bewerten Sie bei Onlinekauf. Und wenn Sie Kritik, Korrekturen, Aktualisierungen haben, freuen wir uns über Ihre Nachricht an: NG Buchverlag, Postfach 40 02 09, D-80702 München oder per E-Mail an info@nationalgeographic-buch.de.

Unser komplettes Programm finden Sie unter

 www.nationalgeographic-buch.de

TEXTNACHWEIS
alle Texte stammen von Stephan Orth

BILDNACHWEIS
sämtliche Bilder stammen von Gulliver Theis

UMSCHLAGVORDERSEITE:
Oben: Kulturzentrum in Baku, Aserbaidschan.
Unten: Gräberstadt von Dargaws, Nordossetien, Russland.

UMSCHLAGRÜCKSEITE:
Luftballonverkäuferin in der Innenstadt von Sotschi, Russland (l.)
Junger Hirte in Juta im Norden Georgiens (r. o.)
Musiker auf dem Flohmarkt an der Trockenen Brücke in Tiflis, Georgien (r. u.)

Die Deutsche Nationalbibliothek verzeichnet diese Publikation in der Deutschen Nationalbibliografie; detaillierte bibliografische Angaben sind im Internet über http://dnb.d-nb.de abrufbar.

ISBN 978-3-86690-656-3